EVA BUSSMANN

Probleme einer dynamischen Theorie der Konsumfunktion

FRANKFURTER WIRTSCHAFTS·
UND SOZIALWISSENSCHAFTLICHE STUDIEN

Herausgegeben von der
wirtschafts- und sozialwissenschaftlichen Fakultät
der Johann Wolfgang Goethe-Universität
Frankfurt am Main

Heft 1

Probleme einer dynamischen Theorie der Konsumfunktion

Von

Dr. Eva Bössmann

DUNCKER & HUMBLOT / BERLIN

Alle Rechte vorbehalten
© 1957 Duncker & Humblot, Berlin
Gedruckt 1957 bei Richard Schröter, Berlin SW 29
Printed in Germany

Meinen Eltern

Vorwort

Zu der hier vorgelegten Studie wurde ich von Herrn Professor Dr. Heinz Sauermann angeregt, dem ich an dieser Stelle vielmals danken möchte. Seine Geduld und sein Verständnis haben mich bei der Durchführung der Arbeit immer wieder ermutigt. Das gilt gleichfalls für Herrn Dr. Rudolf Richter, der in jeder Phase der Arbeit als kritische Instanz diente. Herrn Professor Dr. Fritz Neumark habe ich für wertvolle Hinweise zu danken, ebenso Herrn Professor Dr. Ewald Burger für die Beseitigung mathematischer Schwierigkeiten. Zu großem Dank verpflichtet bin ich auch Herrn Professor Dr. Eberhard Fels für eine kritische Durchsicht des ursprünglichen Manuskripts. Für etwa verbliebene Mängel bin ich selbstverständlich allein verantwortlich.

Alle wesentlichen Teile des Manuskripts wurden bereits im Herbst 1955 abgeschlossen.

Frankfurt am Main, im August 1956.

Eva Bössmann

Inhalt

Einleitung und Abgrenzung der Problemstellung

1. Die neuere Diskussion der Konsumfunktion 11
2. Begriffliches 11
3. Abgrenzung der Problemstellung 14

Erster Teil
Die Konsumfunktion in der makroökonomischen Theorie

1. Kapitel: Die Konsumfunktion in der „General Theory" 17
   1. Einführung der Konsumfunktion 17
   2. Keynes' Diskussion nicht explizit berücksichtigter Einflüsse auf die Höhe der Konsumausgaben 18
   3. Die Konsumfunktion als statische Relation 20
2. Kapitel: Die Konsumfunktion in der an die „General Theory" anschließenden Diskussion 21
   1. Die Neuformulierung der Konsumfunktion mit Hilfe der Robertsonschen Periodenanalyse 21
   2. Das Ergebnis der Multiplikatordiskussion für die Dynamisierung der Konsumfunktion 24

Zweiter Teil
Die Theorie des Konsumentenverhaltens (Wahlhandlungstheorie)

1. Kapitel: Die Grundlagen der Theorie des Konsumentenverhaltens 28
   1. Präferenzsystem und Rationalprinzip 28
   2. Grenzen des Erkenntniswertes der traditionellen Wahlhandlungstheorie 30
2. Kapitel: Geldhaltung und Theorie des Konsumentenverhaltens .. 31
   1. Gründe für die isolierte Behandlung von Geld- und Gütersektor und ihre Problematik 31
   2. Die Tauschmittelfunktion des Geldes 34
   3. Die Wertaufbewahrungsfunktion des Geldes 35
   4. Folgerungen für die Wahlhandlungstheorie 38
3. Kapitel: Die „Interdependenz" individueller Konsumdispositionen 38
   1. „Interdependenz der Präferenzen" und traditionelle Theorie 38
   2. Formen der Interdependenzen 41
   3. Interdependenzen und statische Theorie 43
   4. Die Behandlung des Interdependenzproblems in der Literatur 45
   5. Dynamische Ansätze 47
   6. Prinzipielle Schwierigkeiten bei der Isolierung von Interdependenzphänomenen 49
   7. Interdependenzen und Konsumfunktion 50
   8. Folgerungen 52

4. Kapitel: Methodische Probleme einer dynamischen Theorie des Konsumentenverhaltens 53
1. Das Rationalprinzip in der dynamischen Wahlhandlungstheorie .. 53
2. Änderungen des Präferenzsystems 56
3. Ergebnisse der Diskussion für eine dynamische Theorie des Konsumentenverhaltens 60

Dritter Teil:

Probleme der Aggregation

1. Kapitel: Begründung der Aggregationsproblematik 64
1. Das „psychologische Gesetz" 64
2. Die Forderung nach einer einheitlichen Theorie für Mikro- und Makrosystem 65
3. Aufgaben der Aggregationstheorie 68
2. Kapitel: Ergebnisse der bisherigen theoretischen Diskussion von Aggregationsproblemen 70
1. Das Aggregationsproblem von L. R. Klein 70
2. Ein Beispiel André Natafs aus der Wahlhandlungstheorie 73
3. Ein Grundproblem der Aggregation und das Condorcet-Paradox .. 76
3. Kapitel: Weitere Probleme der Aggregation und neuere Lösungsansätze 79
1. Die Interpretation makroökonomischer Verhaltensgleichungen .. 79
2. „Vollkommene" und „optimale" Aggregation 81

Ergebnisse der Diskussion für die Konsumfunktion und ihre Weiterentwicklung

1. Zusammenfassung der Ergebnisse 86
2. Folgerungen für die Konsumfunktion 89

Anhang: Die ökonometrischen Studien zur Konsumfunktion 92

Literaturverzeichnis 97

Einleitung und Abgrenzung der Problemstellung

1. Die neuere Diskussion der Konsumfunktion

Seit Keynes geht man bei der Analyse makroökonomischer Zusammenhänge von der Annahme einer eindeutigen funktionalen Beziehung zwischen der Höhe des Volkseinkommens und der Höhe der Gesamtausgaben für Konsumzwecke aus[1]. Diese Konsumfunktion galt lange als wenig problematisch und spielte daher bei der eigentlichen theoretischen Diskussion der Keynesschen Gedanken eine relativ bescheidene Rolle. Statistiker und Ökonometriker jedoch beschäftigten sich schon bald nach Erscheinen der „General Theory" mit Keynes' Aussagen über die „normale" Gestalt der Konsumfunktion und versuchten, sie empirisch nachzuweisen. Die Ergebnisse dieser Untersuchungen nun schienen darauf hinzudeuten, daß man zwischen einer säkularen und einer zyklischen Konsumfunktion unterscheiden müsse, und führten schließlich — vor allem seit Kriegsende[2] — zu der grundsätzlichen Frage nach dem Erkenntniswert und den Eigenschaften der Keynesschen Konsumfunktion.

Verfolgt man diese Diskussion, so läßt sich zweierlei erkennen: Ein wesentliches Ziel der neueren empirischen Untersuchungen ist es, die ökonomischen und außerökonomischen Variablen, die die säkulare und zyklische Gestalt der Konsumfunktion bestimmen, zu isolieren und explizit in die Funktion einzuführen. Damit Hand in Hand geht das Bemühen um eine bessere theoretische Fundierung der Konsumfunktion, einmal durch Berücksichtigung des Zeitverlaufs und gleichzeitig durch eine Verbindung mit der mikroökonomischen Theorie des Konsumentenverhaltens.

Damit wird auch die Konsumfunktion in die Versuche zur Dynamisierung wirtschaftstheoretischer Modelle einbezogen, und wir werden uns im folgenden hauptsächlich mit dieser theoretischen Diskussion beschäftigen.

2. Begriffliches

Zunächst haben wir festzulegen, was wir mit einer Dynamisierung der Konsumfunktion meinen. Um die Untersuchung nicht von vornherein unnötig einzuschränken, wollen wir von Dynamisierung und

---

[1] John Maynard *Keynes*, The General Theory of Employment, Interest, and Money, London 1936. (Im folgenden zitiert als „General Theory".)
[2] Vgl. etwa die Diskussionen in Econometrica, Vol. 13, 1945; The Rev. of Ec. and Stat., Vol. 28, 1946; und Vol. 30, 1948.

von dynamischer Analyse ganz allgemein dann sprechen, wenn der zeitliche Verlauf ökonomischer Phänomene und die zeitliche Dimension der Entscheidungen und Handlungen der Wirtschaftssubjekte explizit in den theoretischen Modellen berücksichtigt wird[3]. Das schließt selbstverständlich die üblicherweise in der Wirtschaftstheorie gebrauchte Definition Ragnar Frischs ein, nach der ein System dann dynamisch sei, wenn seine Funktionen Variable enthielten, die sich auf verschiedene Zeitpunkte oder Zeitperioden beziehen[4]. Wie alle Definitionen ist das natürlich eine rein formale Aussage, und wir müssen deshalb bei ihrer Anwendung im Auge behalten, daß der Übergang von der statischen zu einer dynamischen Analyse immer auch voraussetzt, daß wir uns klarmachen, *welche* Variablen wir bei einer zeitlichen Betrachtung der zu erklärenden Phänomene zu berücksichtigen haben werden und *wie* sie zu datieren sind. M. a. W., wir müssen uns entscheiden, welche Hypothesen wir unserem dynamischen Modell jeweils zugrunde legen wollen. Denn da das dynamische System gegenüber dem statischen um die zeitliche Dimension erweitert ist, müssen auch die Hypothesen der statischen Theorie und die ceteris paribus-Bedingungen entsprechend uminterpretiert oder durch andersartige ersetzt werden.

So ist z. B. die einfachste Art der Dynamisierung eines statischen Systems die Einführung zeitlicher Verzögerungen. Sie ändert an den Funktionen des ursprünglichen Systems nichts weiter, als daß sie die Variablen auf verschiedene Zeitperioden bezieht. In welcher Weise das aber geschieht, d. h. welche „lags" und „leads" berücksichtigt werden, hängt von den zusätzlichen Hypothesen ab, die etwa über die Reaktionen der Konsumenten oder der Unternehmer gemacht werden. Und im allgemeinen Fall wird man gar nicht mit einer Einführung des Zeitfaktors in Gestalt von Verzögerungen oder Beschleunigungen allein auskommen, sondern man wird gegenüber der statischen Darstellung zusätzliche Variable zu berücksichtigen und neue funktionale Beziehungen aufzustellen haben.

Von diesen Überlegungen aus wollen wir die theoretischen Versuche zur Dynamisierung der Konsumfunktion betrachten. Als „Konsumfunktion" bezeichnet Keynes, wie bereits erwähnt, den funktionalen Zusammenhang zwischen Konsum und Einkommen. Wir werden im folgenden jedoch unter „Konsumfunktion" jede Funktion verstehen,

---

[3] Dies entspricht sinngemäß etwa der Definition Baumols: „Economic dynamics is the study of economic phenomena in relation to preceding and succeeding events." Vgl. W. J. *Baumol*, Economic Dynamics, New York 1951, S. 2.

[4] Ragnar *Frisch*, „Propagation Problems and Impulse Problems in Dynamic Economics", Economic Essays in Honour of Gustav Cassel, London 1933, wieder abgedruckt als Universetetets Økonomiske Institutt Publikasjon Nr. 3 Oslo 1933, S. 1.

Einleitung

welche die Konsumdispositionen privater Haushalte beschreibt, also nicht nur in Abhängigkeit vom Einkommen. Unter „Konsum" werden dabei die Ausgaben für Konsumzwecke verstanden, und zwar üblicherweise unter Ausschaltung von Preisänderungen[5]. Da bei Keynes die Ersparnis die Komplementgröße des Konsums ist (Ersparnis + Konsum ≡ Einkommen), erscheint es unnötig, beide Begriffe scharf gegeneinander abzugrenzen, denn was für die Konsumfunktion gilt, läßt sich analog auf die Sparfunktion übertragen[6]. Lediglich im Fall von dauerhaften Konsumgütern könnten noch Zweifel entstehen, ob sie nicht der Investition zuzurechnen seien. Man hat sich jedoch darauf geeinigt, den Kauf von dauerhaften Konsumgütern ebenfalls in die Konsumfunktion einzubeziehen und nur den Bau von Wohnhäusern als Investition anzusehen[7].

Die hier angedeutete Schwierigkeit, innerhalb des ökonomischen Gesamtsystems einzelne Sektoren klar voneinander abzugrenzen, führt uns schließlich dazu, noch auf folgenden Einwand einzugehen: Ist es erlaubt oder auch nur sinnvoll, die Konsumfunktion unabhängig vom Gesamtsystem zu analysieren? Diese Frage erscheint besonders deshalb wichtig, weil die von Keynes in der „General Theory" verwendeten Begriffe und Funktionen sich im Laufe der Zeit weitgehend verselbständigt haben und für die Makroökonomik zu allgemein angewandten analytischen Instrumenten geworden sind[8].

---

[5] Die Ausschaltung von Preisänderungen wird gewöhnlich als „real analysis" oder als Analyse „in real terms" bezeichnet. Vgl. z. B. J. R. *Hicks*, A Contribution to the Theory of the Trade Cycle, Oxford 1950, S. 9. Für eine andere Interpretation vgl. J. A. *Schumpeter*, History of Economic Analysis, New York—London 1954, S. 277 ff.

[6] Hierbei ist nur zu berücksichtigen, daß *Keynes*, abweichend von unserer Definition, auch die Ersparnis von Unternehmungen und staatlichen Stellen mit einbezieht. Vgl. J. M. *Keynes*, General Theory, a.a.O., S. 108 f.

[7] *Keynes* begründet diese Einteilung damit, daß „few individuals feel it necessary in such cases to make a financial provision for depreciation apart from actual repair and renewals. This, in combination with the difficulty of obtaining proper statistics and of drawing a clear line, makes it preferable... to exclude such equipment from investment and to include it in consumption expenditure in the year in which it is incurred. ... Residential construction should undoubtedly be included in investment and not in consumption expenditure, since houses are usually regarded as purchased out of savings and not out of income ...", J. M. *Keynes*, „Fluctuations in Net Investment in the United States", Ec. Jl., Vol. 46, 1936, S. 540 f. Vgl. auch J. M. *Keynes*, General Theory, a.a.O., S. 61 f. Wie weit diese Argumentation bei Berücksichtigung von Teilzahlungskredit und Zwecksparen allerdings sinnvoll ist, wäre eine andere Frage. Vgl. Harold M. *Somers*, Public Finance and National Income, Philadelphia—Toronto 1949, S. 46.

[8] J. W. *Angell*, „Keynes and Economic Analysis Today", Rev. of Ec. and Stat., Vol. 30, 1948, S. 259: „...it is almost as pointless to talk today of ‚pro-Keynesians' and ‚anti-Keynesians' as to say that particular individuals are for or against the multiplication table." Vgl. ferner E. *Preiser*, „Das Doppelgesicht der Keynesschen Theorie", Kyklos, Bd. 5, 1951/52, S. 77. Auf die methodischen Schwierigkeiten bei der statistischen Bestimmung von Para-

Wir möchten hierzu nur folgendes bemerken: Die Konsumfunktion ist eine Verhaltensgleichung, die das Verhalten der Gesamtheit der Konsumenten beschreibt. Aussagen über ihre Eigenschaften — d. h. über Variable und Parameter der Funktion — sind nicht aus dem jeweiligen theoretischen Modell ableitbar, sondern gehen als Hypothesen in dieses ein. Sie allein bestimmen gleichzeitig die Abhängigkeit der Konsumfunktion von den übrigen Variablen und Funktionen des Gesamtmodells. Eine der dabei auftretenden Fragen, nämlich die, ob der gewählte Ansatz realistisch sei, kann überhaupt nicht theoretisch, sondern bestenfalls durch empirische Untersuchungen beantwortet werden. Eine andere Frage wäre die nach der Bedeutung alternativer Formulierungen der Konsumfunktion für die Eigenschaften des Gesamtsystems, z. B. für Gleichgewicht und Stabilität. Aber auch sie können wir außer Betracht lassen, denn uns interessieren nur die theoretischen Möglichkeiten zur Erweiterung der Hypothese selbst und insbesondere die Probleme, die bei einer Dynamisierung der Konsumfunktion auftreten.

3. Abgrenzung der Problemstellung

Unser Anliegen ist somit methodischer Art: Es soll vor allem herausgearbeitet werden, inwieweit man *mit dem bisher entwickelten Apparat der Wirtschaftstheorie* eine den Zeitverlauf berücksichtigende Konsumfunktion erklären kann. Wir werden dabei so vorgehen, daß wir uns nach einer kurzen Darstellung der Keynesschen Ausführungen zur Konsumfunktion in der „General Theory" darüber orientieren, wie die Konsumfunktion in einigen dynamischen Makromodellen formuliert wurde und welche Hypothesen über das Konsumentenverhalten im Zeitverlauf ihr zugrunde liegen. Daran anschließend werden wir uns der Frage zuwenden, ob damit von seiten der Wirtschaftstheorie alle methodischen Möglichkeiten erschöpft worden sind, und wenn nicht, von welcher Richtung her eine Erweiterung der bisherigen dynamischen Ansätze für die Erklärung der Konsumfunktion sinnvoll und zweckmäßig wäre. Insbesondere werden wir untersuchen, welche Bedeutung die Aussagen der mikroökonomischen Theorie des Konsu-

---

metern einer Funktion, die Teil eines simultanen Gleichungssystems ist, also z. B. des Grenzhangs zum Konsum, sei an dieser Stelle nur verwiesen. Vgl. hierzu T. *Haavelmo*, „The Statistical Implications of a System of Simultaneous Equations", Econometrica, Vol. 11, 1943; ders., „Methods of Measuring the Marginal Propensity to Consume", Jl. of the Am. Stat. Ass., Vol. 42, 1947 (wieder abgedruckt in Studies in Econometric Method, Wm. C. *Hood* and T. C. *Koopmans*, Editors, New York—London 1953); E. G. *Bennion*, „The Cowles Commission's Simultaneous-Equation Approach: A Simplified Explanation", Rev. of Ec. and Stat., Vol. 34, 1952; J. R. *Meyer* and H. L. *Miller* jr., „Some Comments on the ‚Simultaneous-Equations Approach'", Rev. of Ec. and Stat., Vol. 36, 1954.

Einleitung

mentenverhaltens für eine makroökonomische Konsumfunktion haben können.

Da wir also unsere Diskussion von vornherein auf die Modelle der bisherigen ökonomischen Theorie im engsten Sinne beschränken wollen, seien zur Ergänzung unseres Gedankengangs in dieser Einleitung wenigstens noch eine kurze Aufzählung der von uns nicht ausführlich behandelten Probleme und einige Literaturhinweise gegeben, die allerdings keinen Anspruch auf Vollständigkeit erheben.

Aus der Betrachtung ausschließen wollen wir zunächst alle dogmenhistorischen Fragestellungen. Sie würden eine Fülle von Einzelproblemen umfassen, denn die Einbeziehung des Konsums in den Rahmen der nationalökonomischen Untersuchungen wandelte sich im Laufe der Zeit in methodischer und begrifflicher Hinsicht ebenso, wie die Ansichten über die ökonomische Bedeutung des Konsums mit den jeweils aktuellen Problemen der Nationalökonomie wechselten. Man denke z. B. nur daran, daß man bei einer solchen Untersuchung zunächst den begrifflichen Zusammenhängen zwischen Konsum, Konsumausgaben, Nachfrage und effektiver Nachfrage nachgehen müßte, um überhaupt vergleichbare Aussagen zu erhalten[9]. Erst dann könnte man sagen, welche Bedeutung man dem Konsum unter gesamtwirtschaftlichen Aspekten jeweils zumaß: etwa als „allocator of resources" oder auch als Konjunktur und ökonomisches Wachstum beeinflussende Größe[10].

---

[9] Zu begrifflichen Fragen vgl. u. a. Frank H. *Knight*, „Demand", in Encyclopaedia of the Social Sciences, Vol. III, New York 1937; Kenneth E. *Boulding*, „The Consumption Concept in Economic Theory", AER, Vol. 35, 1945, Papers and Proceedings; ders., „Professor Tarshis and the State of Economics", AER, Vol. 38, 1948; Milton *Friedman*, „The Marshallian Demand Curve", Jl. Pol. Ec., Vol. 57, 1949; Victor E. *Smith*, „The Classicist's Use of Demand", Jl. Pol. Ec., Vol. 59, 1951; außerdem die in der folgenden Fußnote genannte Literatur.

[10] Vgl. zu allgemeinen Fragen etwa: Wilhelm *Hasbach*, Güterverzehrung und Güterhervorbringung, Jena 1906; Alexander *Wirminghaus*, „Die Lehre von der Konsumtion und ihrem Verhältnis zur Produktion", in Die Entwicklung der deutschen Volkswirtschaftslehre im 19. Jahrhundert (Festschrift für Gustav Schmoller), I. Teil, Leipzig 1908; Karl *Oldenberg*, „Die Konsumtion", in Grundriß der Sozialökonomik, II. Abt., 1. Teil, 2. Aufl., Tübingen 1923; Hans *Mayer*, „Konsumtion", in Handwörterbuch der Staatswissenschaften, 4. Aufl., Bd. 5, Jena 1923; Paul T. *Homan*, „Consumption", in Encyclopaedia of the Social Sciences, Vol. II, New York 1937; Harry *Tosdal*, „The Study of Consumer Demand in Relation to Capitalistic Society", in Business and Modern Society, M. P. *McNair* and H. T. *Lewis*, Editors, Cambridge 1938; Mary Jean *Bowman*, „The Consumer in the History of Economic Doctrine", AER, Vol. 41, 1951, Papers and Proceedings. Konjunkturelle und Wachstumsaspekte behandeln vor *Keynes* insbesondere Wilhelm *Hasbach*, a.a.O.; Arthur R. *Tebutt*, The Behavior of Consumption in Business Depression, Boston 1933; Maurice *Leven*, Harold G. *Moulton*, Clark *Warburton*, America's Capacity to Consume, Washington 1934; William H. *Lough*, High-Level Consumption. Its Behavior, Its Consequences, New York-London 1935.

Ebensowenig kann es unsere Aufgabe sein, die Untersuchungen der Institutionalisten für unsere spezielle Fragestellung auszuwerten und zu systematisieren. Sie nehmen, besonders in methodischer Hinsicht, ohnehin eine Sonderstellung ein: Da das grundsätzliche Anliegen der Institutionalisten darin bestand, ein ökonomisches Gesamtsystem auf Grund intensiver Einzelstudien über die verschiedensten Gebiete zu gewinnen, entstanden auch zum Thema „Konsum" eine Reihe monographischer Studien, die zwar sehr umfangreiches, aber andererseits auch sehr heterogenes Material umfassen[11].

Schließlich ist es auch unmöglich, im Rahmen dieser theoretischen Arbeit auf empirische Studien im einzelnen einzugehen, vor allem nicht auf solche, die nicht in unmittelbarem Zusammenhang mit der Konsumfunktion stehen, also sowohl Untersuchungen über die Verbrauchsstruktur verschiedener sozialer Gruppen wie auch Versuche einer Verifizierung des sogenannten „Nachfragegesetzes" und einer empirischen Messung von Nachfragefunktionen[12].

---

[11] Zum Institutionalismus und seiner Methode vgl. z. B.: Thorstein B. *Veblen*, The Theory of the Leisure Class, New York 1899; R. G. *Tugweil* (Editor), The Trend of Economics, New York 1924; Eva *Flügge*, „Institutionalismus in der Nationalökonomie der Vereinigten Staaten", Jb. f. N. u. St., 126 Bd., 1927; Theo *Surányi - Unger*, Die Entwicklung der theoretischen Volkswirtschaftslehre im ersten Viertel des 20. Jahrhundert, Jena 1927; John S. *Gambs*, Beyond Supply and Demand. A Reappraisal of Institutional Economics, New York 1946; Antonio *Montaner*, Der Institutionalismus als Epoche amerikanischer Geistesgeschichte, Tübingen 1948; Antonio *Montaner*, „Institutionalismus", Handwörterbuch der Sozialwissenschaften, 7. Lieferung, Stuttgart-Tübingen-Göttingen 1954. Monographien über Konsumprobleme: Simon N. *Patten*, The Consumption of Wealth, 2. Aufl., Philadelphia 1901; Hazel *Kyrk*, A Theory of Consumption, Boston 1923; E. E. *Hoyt*, The Consumption of Wealth, New York 1928; W. C. *Waite*, Economics of Consumption, New York 1928; Paul *Nystrom*, Economic Principles of Consumption, New York 1929. Nicht direkt zu den Institutionalisten gehörend, aber in Fragestellung und Ansatz ähnlich: Charlotte *von Reichenau*, Die Kapitalfunktion des Kredits, Jena 1932; Charlotte *von Reichenau*, „Konsum und volkswirtschaftliche Theorie", Jb. f. N. u. St., 159. Bd., 1944; Erika *Becker*, Die Konsumtionsveränderung. (Die Durchsetzung von Konsumtionsneuerungen in den Lebenshaltungsvorstellungen der sozialen Gruppe), Dissertation Frankfurt a. M. 1945.

[12] Hingewiesen sei hier nur auf einige zusammenfassende Arbeiten: Faith M. *Williams* and Carle C. *Zimmerman*, Studies of Family Living in the United States and Other Countries: An Analysis of Material and Method, Washington 1935; Carle C. *Zimmerman*, Consumption and Standards of Living, New York 1936; Henry *Schultz*, The Theory and Measurement of Demand, Chicago 1938; Herman *Wold*, Demand Analysis, A Study in Econometrics, Stockholm-New York 1952; George J. *Stigler*, „The Early History of Empirical Studies of Consumer Behavior", Jl. Pol. Ec., Vol. 62, 1954; Richard *Stone*, The Measurement of Consumers' Expenditure and Behaviour in the United Kingdon 1920—1938, Vol. I, Cambridge 1954; William C. *Hood*, „Empirical Studies of Demand", The Canadian Journal of Economics and Political Science, Vol. 21, 1955.

Erster Teil

Die Konsumfunktion in der makroökonomischen Theorie

1. Kapitel

Die Konsumfunktion in der „General Theory"

1. Einführung der Konsumfunktion

Mit der Konsumfunktion hat Keynes ein Instrument geschaffen, das für die makroökonomische Analyse gesamtwirtschaftlicher Zusammenhänge ebenso bedeutungsvoll ist wie die Nachfragefunktion — die funktionale Abhängigkeit der nachgefragten Menge eines Gutes von seinem Preis — für die Partialanalyse. Wesentlich für die Konsumfunktion ist nicht nur, daß sie die Aufmerksamkeit auf die Bedeutung der Konsumausgaben für die Gesamtwirtschaft lenkt, sondern viel mehr noch, daß in der Funktion $C = C(Y)$ die Höhe der Konsumausgaben als vom Einkommen abhängig angesehen wird[1].

Vor Keynes konzentrierte sich das theoretische Interesse auf die Ersparnis und dabei vor allem auf den Zusammenhang zwischen der Höhe des Sparens und dem Zinssatz. Daraus folgte, daß in einer vor-keynesianischen Konsumfunktion, wenn es sie gegeben hätte, auch die Konsumausgaben in erster Linie als zinsabhängig angenommen worden wären. Der Keynessche Ansatz weicht von dieser Tradition ab, und schon aus diesem Grund wird die Konsumfunktion $C = C(Y)$ vielfach als Keynes' wichtigster theoretischer Beitrag angesehen[2].

---

[1] Im allgemeinen versteht man unter C den Realkonsum und unter Y das Realeinkommen. Bei *Keynes* drückt sich das durch die Formulierung der Konsumfunktion in Lohneinheiten aus. Vgl. General Theory, S. 90: „We will therefore define what we shall call the Propensity to Consume as the functional relationship χ between Y_w, a given level of income in terms of wage-units, and C_w, the expenditure on consumption out of that level of income, so that $C_w = \chi(Y_w)$ or $C = W \cdot \chi(Y_w)$." Ferner General Theory, a.a.O., S. 91 f.

[2] Alvin H. *Hansen*, A Guide to Keynes, New York-Toronto-London 1953, S. 27, ferner in dem von Seymour E. *Harris* herausgegebenen Sammelband The New Economics (New York 1947) vor allem die Beiträge von Alvin H. Hansen, S. 135, S. E. Harris, S. 26 und S. 51, Jan *Tinbergen*, S. 222, P. A. *Samuelson*, S. 151. Vgl. auch John R. *Hicks*, „La théorie de Keynes après neuf ans", Rev. d'éc. pol. 1945, S. 5; John H. *Williams*, „An Appraisal of Keynesian Economics", AER, Vol. 38, 1948, Papers and Proceedings, S. 280 f.

Allerdings muß hinzugefügt werden, daß es Keynes selbst nicht einmal so sehr auf den funktionalen Zusammenhang zwischen Konsumhöhe und Einkommenshöhe ankam, als vielmehr auf die *normale* Gestalt dieser Funktion, die durch das von ihm postulierte „psychologische Gesetz" bestimmt wird. Danach wird bei steigendem Einkommen nur ein Teil des zusätzlichen Einkommens für den Konsum ausgegeben, der restliche Teil wird gespart, so daß $\frac{dC}{dY} < 1$ ist[3].

Keynes betont diese Eigenschaft des sogenannten Grenzhangs zum Konsum (oder der marginalen Konsumquote) deshalb, weil sie entscheidend ist für eine ganze Reihe der von ihm in der „General Theory" diskutierten Probleme, z. B. für den Verlauf des Konjunkturzyklus, für die Wirkung zusätzlicher Investitionen auf die Einkommensentwicklung oder für den Zusammenhang zwischen Lohnhöhe und Beschäftigung[4]. Auch ohne daß wir weiter auf diese Beispiele eingehen, verdeutlicht ihre Aufzählung bereits den Erkenntniswert der Konsumfunktion — welche Eigenschaften sie auch immer haben möge — für eine makroökonomische Analyse.

Wichtig für Keynes jedoch ist zunächst nur, daß die Beziehung zwischen Konsum und Einkommen als eindeutig und im Zeitverlauf stabil angenommen werden kann. Das erlaubte es, innerhalb des Gesamtsystems die Konsumfunktion als konstant zu betrachten, so daß sich das theoretische Hauptinteresse den Problemen der Investition als zweiter Komponente des Volkseinkommens zuwenden konnte.

2. Keynes' Diskussion nicht explizit berücksichtigter Einflüsse auf die Höhe der Konsumausgaben

Keynes war sich wohl bewußt, wie sehr sein Vorgehen eine Neuorientierung der theoretischen Ansätze auslöste, und er war durchaus auf den Einwand gefaßt, daß das Einkommen tatsächlich nicht immer der einzige Bestimmungsgrund für die Höhe der Konsumausgaben wäre. Das III. Buch der „General Theory" über die „Propensity to Consume" hat darum hauptsächlich den Zweck, seine Position zu erklären und zu rechtfertigen. Wir geben im folgenden nur ganz knapp die wesentlichen Punkte der Keynesschen Erörterungen über den Ein-

---

[3] J. M. *Keynes*, General Theory ,a.a.O., S. 96: „The fundamental psychological law, upon which we are entitled to depend with great confidence both a priori from our knowledge of human nature and from the detailed facts of experience, is that men are disposed, as a rule and on the average, to increase their consumption as their income increases, but not by as much as the increase in their income. That is to say, if C_w is the amount of consumption and Y_w is income (both measured in wage-units) $\triangle C_w$ has the same sign as $\triangle Y_w$ but is smaller in amount, i. e. dC_w/dY_w is positive and less than unity."
[4] Vgl. außer der General Theory, a.a.O., hierzu die einzelnen Arbeiten in The New Economics, a.a.O.

fluß anderer ökonomischer und nicht-ökonomischer Variabler auf die Höhe des Konsums[5].

Keynes diskutiert sechs objektive Faktoren, wovon seiner Meinung nach jedoch nur drei unter Umständen die Konsumneigung merklich beeinflussen. Es sind dies:

zufallsbedingte Änderungen der Vermögenswerte, die nicht in die Berechnung des Einkommens einbezogen worden sind,

bedeutende Änderungen des Zinssatzes, der annäherungsweise als Ausdruck für das Austauschverhältnis zwischen Gegenwarts- und Zukunftsgütern angesehen wird,

und schließlich

Änderungen der Finanzpolitik des Staates, insbesondere der Steuerpolitik.

Als weitere objektive Faktoren nennt Keynes den Lohnsatz, das Verhältnis zwischen Einkommen und Nettoeinkommen und die Einkommenserwartungen. Änderungen des Lohnsatzes sind bereits durch die Formulierung der Konsumfunktion in Lohneinheiten mit erfaßt. Die beiden anderen Faktoren brauchen aber nach Keynes' Ansicht ebenfalls nicht gesondert berücksichtigt zu werden, denn das Verhältnis zwischen Einkommen und Nettoeinkommen könne kurzfristig als konstant angesehen werden. Demgegenüber hätten Änderungen der Erwartungen hinsichtlich des zukünftigen Einkommens zwar auf die individuellen Konsumneigungen eine beachtliche Wirkung, glichen sich aber für die Gesamtwirtschaft aus. Deshalb spielten diese beiden Einflüsse normalerweise nur eine unbedeutende Rolle und dürften durch die Form der Konsumfunktion implizit hinreichend erfaßt sein[6].

Die von Keynes schließlich erwähnten subjektiven Faktoren sind die Motive des individuellen Konsumenten zur Erhöhung entweder der Ersparnis oder des Konsums. So wird aus einem gegebenen Einkommen mehr gespart werden, wenn der Konsument etwa den Wunsch hat, für unvorhersehbare Notfälle, für das Alter oder für Angehörige vorzusorgen, wenn er auf gegenwärtigen Konsum lieber zugunsten eines höheren zukünftigen Konsums verzichtet oder wenn er finanzielle Unabhängigkeit anstrebt.

Der Einfluß dieser Motive auf die Höhe der Konsumausgaben sei, so sagt Keynes, nicht nur von den Erfahrungen und Erwartungen des individuellen Konsumenten abhängig, sondern auch von den institutio-

---

[5] J. M. *Keynes*, General Theory, a.a.O., Kap. 8 und 9. Vgl. dazu im einzelnen ferner Alvin H. *Hansen*, A Guide to Keynes, a.a.O., S. 70 ff.

[6] J. M. *Keynes*, General Theory, a.a.O., S. 96: „The fact that given the general economic situation, the expenditure on consumption in terms of the wage-unit depends in the main on the volume of output and employment is the justification for summing up the other factors in the portmanteau function ‚propensity to consume'."

nellen und sozialen Gegebenheiten der betrachteten Volkswirtschaft, beispielsweise von der Vermögensverteilung oder vom Lebensstandard. Diese unterlägen aber nur langfristigen Änderungen und seien deshalb im Rahmen der „General Theory" nicht zu behandeln, die nur als kurzfristige Analyse gedacht sei[7]. Es bleibe hier also als einziger Bestimmungsgrund für den Konsum das Einkommen übrig: Sozial und psychologisch bedingte Einflüsse änderten sich nur langsam und könnten deswegen aus der Betrachtung ausgeschlossen werden, Änderungen der aufgezählten objektiven Faktoren dagegen seien kurzfristig nur unbedeutend und brauchten aus diesem Grunde nicht explizit berücksichtigt zu werden[8].

3. Die Konsumfunktion als statische Relation

Nach Keynes Meinung also besteht die eindeutige Beziehung zwischen der Höhe des Gesamteinkommens und der Höhe der Konsumausgaben nur kurzfristig. Es ist naheliegend, zu versuchen, den Gültigkeitszeitraum durch eine genauere Definition des „short run" in bestimmter Weise abzugrenzen.

Wenn wir allein die Konsumfunktion betrachten, könnten wir sagen, daß die postulierte Beziehung $C = C(Y)$ so lange gültig sei, wie sich keiner der angeführten objektiven und subjektiven Faktoren ändere, und es wäre dann eine empirisch zu klärende Frage, ob wir mit Monaten oder mit Jahren zu rechnen hätten[9]. Schwieriger wird eine solche Abgrenzung, wenn man an Hand eines Gesamtmodells argumentieren und damit außer der Konsumfunktion etwa noch die Investitionsfunktion und die Liquiditätspräferenzfunktion berücksichtigen will, weil man in diesem Fall die für die verschiedenen Funktionen wesentlichen Zeitperioden aufeinander beziehen muß, um zu einer einheitlichen Periodenabgrenzung für das Gesamtsystem zu gelangen[10].

---

[7] J. M. *Keynes*, General Theory, a.a.O., S. 109/110: „... we shall not concern ourselves ... with the results of far-reaching social changes or with the slow effects of secular progress. We shall, that is to say, take as given the main background of subjective motives to saving and to consumption respectively." Vgl. auch General Theory, a.a.O., S. 91.

[8] J. M. *Keynes*, General Theory, a.a.O., S. 110: „Since, therefore, the main background of subjective and social incentives changes slowly, whilst the short-period influence of changes in the rate of interest and the other objective factors is often of secondary importance, we are left with the conclusion that short-period changes in consumption largely depend on changes in the rate at which income (measured in wage-units) is being earned and not on changes in the propensity to consume out of a given income."

[9] In bezug auf die subjektiven Faktoren glaubt Hansen mit einem Gültigkeitsbereich von einem bis drei Jahrzehnten rechnen zu können. Vgl. Alvin H. *Hansen*, A Guide to Keynes, a.a.O., S. 33.

[10] Vgl. etwa J. E. *Meade*, „A Simplified Model of Keynes' System", in The New Economics, a.a.O., S. 606 f.

Da Probleme dieser Art empirische Untersuchungen und zusätzliche Annahmen erfordern und in der üblichen Formulierung der Konsumfunktion nur potentiell enthalten sind, ist es sinnvoller, die Konsumfunktion der „General Theory" als eine rein statische, d. h. zeitlose Beziehung aufzufassen. Sie ist dann folgendermaßen zu interpretieren: Die Funktion C = C (Y) gibt an, wie hoch die Gesamtausgaben für Konsumzwecke sind, die *ceteris paribus* von der Gesamtheit der Konsumenten jeweils alternativen Beträgen des Gesamteinkommens zugeordnet werden[11].

So gesehen kann die Diskussion des 8. und 9. Kapitels der „General Theory" im wesentlichen als die für eine statische Analyse notwendige Spezifizierung der ceteris paribus-Bedingungen angesehen werden und Keynes' abschließende Folgerung[12] als die Formulierung einer statischen Konsumfunktion. Man hat sich inzwischen darauf geeinigt, alle von Keynes in der „General Theory" verwendeten Funktionen in dieser Weise zu interpretieren. Jedoch sind bei Keynes — worauf z. B. Schumpeter und Haberler besonders hinweisen[13] — durchaus schon dynamische Argumente und Folgerungen zu finden, und so lassen sich auch seine Ausführungen über die Konsumfunktion als Ausgangspunkt für eine dynamische Analyse und als eine Vorwegnahme einer ganzen Reihe späterer Einwände gegen die Konsumfunktion betrachten. Sie sind allerdings von Keynes selbst nicht explizit in der Konsumfunktion berücksichtigt worden, und wir werden deshalb nun festzustellen versuchen, ob und inwieweit in der sich an die „General Theory" anschließenden theoretischen Diskussion eine dynamische Konsumfunktion entwickelt worden ist.

2. Kapitel

Die Konsumfunktion in der an die „General Theory" anschließenden Diskussion

1. Die Neuformulierung der Konsumfunktion mit Hilfe der Robertsonschen Periodenanalyse

In den an Keynes anschließenden Arbeiten über makroökonomische Modelle finden sich die ersten Ansätze zur Berücksichtigung des Zeit-

---

[11] Diese Auffassung hat sich inzwischen weitgehend durchgesetzt. Vgl. z. B. Alvin H. *Hansen*, A Guide to Keynes, a.a.O., S. 69; Erich *Schneider*, Einführung in die Wirtschaftstheorie, II. Teil, 3. Aufl., Tübingen 1955, S. 47 f., III. Teil, 3. Aufl., Tübingen 1955, S. 124.
[12] J. M. *Keynes*, General Theory, a.a.O., S. 96 und 110.
[13] J. A. *Schumpeter* in The New Economics, a.a.O., S. 93, G. *Haberler*, ibid., S. 162.

verlaufs in der Debatte um die Gleichheit von Ersparnis und Investition[14]. Über die rein begrifflichen Erörterungen hinaus, die wir vom heutigen Standpunkt aus kaum nochmals im einzelnen zu verfolgen brauchen, enthalten einzelne Beiträge zu dieser Diskussion Argumente, die für eine dynamische Betrachtung der Konsumfunktion von großer Bedeutung wären. So verweist beispielsweise Ohlin auf die Rolle der Erwartungen und auf Einflüsse der konjunkturellen Situation auf die Konsumausgaben[15], während Lerner den Unterschied zwischen kurzfristigen und langfristigen Anpassungen an Einkommensänderungen betont[16].

Obwohl es sich hier nicht um neue Erkenntnisse handelte — man findet ähnliche Hinweise natürlich auch in der Literatur vor Keynes —, wurden diese dynamischen Aspekte nicht systematisch weiterverfolgt, da sie in der eigentlichen Diskussion um Ersparnis und Investition keine zentrale Rolle spielten. Überlegungen wie die Ohlins und Lerners vermochten deshalb auch nicht, die analytische Formulierung der von Keynes in der „General Theory" definierten Funktionen unmittelbar zu beeinflussen.

Für eine solche Neuformulierung der Beziehung zwischen Einkommen und Konsum und eine explizite Berücksichtigung der Zeit erwies sich dagegen die Robertsonsche Periodenanalyse als bedeutsam, und wenn man heute von einer dynamischen Konsumfunktion spricht, so meint man im allgemeinen die auf Robertson zurückgehende Formulierung[17].

Nach dem Ansatz Robertsons kann über das an einem bestimmten „Tag" verdiente Einkommen erst am nächsten „Tag" disponiert werden, so daß der Konsum jedes Tages t aus dem verdienten Einkommen des vorigen Tages (t—1) bezahlt wird: $C_t = \alpha\, Y_{t-1}$. Die Periodenlänge ergibt sich dabei durch eine Robertson geeignet erscheinende Definition des „Tages": „I assume the existence of a period of time, to be called a ‚day‘, which is finite but nevertheless so short that the income

---

[14] Vgl. u. a. Bertil *Ohlin,* „Some Notes on the Stockholm Theory of Savings and Investment", Ec. Jl., Vol. 47, 1937 (wieder abgedruckt in Readings in Business Cycle Theory, Philadelphia—Toronto 1951); F. A. *Lutz,* „The Outcome of the Saving-Investment Discussion", QJE, Vol. 52, 1938 (wieder abgedruckt in Readings in Business Cycle Theory, a.a.O.); A. P. *Lerner,* „Saving and Investment: Definitions, Assumptions, Objectives"; O. *Lange,* „Saving in Process Analysis"; F. A. *Lutz,* „Saving and Investment: Final Comment"; sämtlich im QJE, Vol. 53, 1939.

[15] B. *Ohlin,* „Some Notes on the Stockholm Theory of Savings and Investment", Readings in Business Cycle Theory, a.a.O., S. 98/99 und S. 129.

[16] A. P. *Lerner,* „Saving and Investment: Definitions, Assumptions, Objectives", Readings in Business Cycle Theory, a.a.O., S. 165.

[17] D. H. *Robertson,* Banking Policy and the Price Level, London 1926, (4., rev. ed., New York—London 1949); ders., „Saving and Hoarding", Ec. Jl., Vol. 43, 1933.

which a man receives on a given day cannot be allocated during its course to any particular use[18]."

Diese Definition führt ganz zwangsläufig zur Dynamisierung der Konsumfunktion, nämlich zu einer zeitlichen Verzögerung in der Beziehung zwischen Konsum und Einkommen[19]. Die zusätzliche Annahme gegenüber der statischen Analyse nun liegt in der Wahl der Zeiteinheit. Sie bezieht sich bei Robertson nicht auf das Verhalten der Konsumenten, sondern wird durch institutionelle Gegebenheiten bestimmt, durch die Existenz zeitlich auseinanderliegender Zahltage[20].

Natürlich kann man die Zweckmäßigkeit einer solchen Definition diskutieren, und es ist insbesondere der Einwand gemacht worden, daß die Zeitdifferenz zwischen Verdienen und Verfügbarwerden des Einkommens, etwa bei wöchentlicher Lohnzahlung, für eine makroökonomische Analyse viel zu gering sei. Man könne sich vielmehr in dieser Hinsicht den Wirtschaftsprozeß durchaus als kontinuierlich vorstellen, denn Diskontinuitäten dieser Größenordnung seien bedeutungslos[21]. Eine solche Argumentation braucht nicht mehr gerechtfertigt zu sein, wenn man — was naheliegt und auch von Robertson später getan wurde[22] — die Relation $C_t = \alpha\, Y_{t-1}$ vom Konsumentenverhalten her interpretiert. Sie sagt dann aus, daß die Konsumenten, aus welchem Grund auch immer, nicht sofort auf Einkommensänderungen reagieren, sondern erst nach einer gewissen Zeit, genauer: nach *einer* Zeitperiode, deren tatsächliche Länge durch empirische Untersuchungen festzustellen wäre.

---

[18] D. H. *Robertson*, „Saving and Hoarding", a.a.O., S. 399, ferner S. 413: „... the concept which I have tried to make explicit — namely the successive existence of a short number of slices of time during each of which the money which appears as income for A cannot also appear as outlay by A (and therefore income for B)." Vgl. auch Banking Policy and the Price Level, a.a.O., Appendix to Chap. V, S. 59.

[19] F. A. *Lutz*, „Saving and Investment: Final Comment", a.a.O., S. 629: „Now, under our assumption of weekly income payments, the consumers *cannot* possibly spend the income which is created by expenditure during the week within this same week, as they do not receive this income until the beginning of next week." (Im Original keine Hervorhebung.) John R. *Hicks*, A Contribution to the Theory of the Trade Cycle, a.a.O., S. 17: „People earn their incomes and *then* spend them." (Hervorhebung im Original.)

[20] F. A. *Lutz*, „The Outcome of the Saving-Investment Discussion", a.a.O., S. 148: „Robertson is not concerned with the factors which influence people's decisions as to the amount of saving they want to do, but only with the actual carrying out of their plans, and these plans can only be executed out of (and are limited by) the income already received." Vgl. ferner Alvin H. *Hansen*, A Guide to Keynes, a.a.O., S. 61 f.

[21] Richard M. *Goodwin*, „Secular and Cyclical Aspects of the Multiplier and the Accelerator", in Income, Employment, and Public Policy, New York 1948, S. 113.

[22] Im Novemberheft des QJE 1936 (zitiert nach Alvin H. *Hansen*, A Guide to Keynes, a.a.O., S. 62).

Wie immer man aber die zeitliche Verzögerung interpretiert, wir haben es hier mit einer dynamischen Konsumfunktion zu tun, da sie Variable enthält, die sich auf verschiedene Zeitperioden beziehen, die somit auch die Frischsche Definition dynamischer Relationen erfüllt. Zwar ist $C_t = \alpha\, Y_{t-1}$ die einfachste denkbare Form einer dynamischen Funktion, jedoch enthält sie bereits eine Hypothese über das Konsumentenverhalten im Zeitverlauf. Wir werden im folgenden sehen, wie dieser Ansatz — die Annahme einer verzögerten Reaktion der Konsumenten auf Einkommensänderungen — in der späteren theoretischen Diskussion der Keynesschen Gedanken weiterentwickelt worden ist.

2. Das Ergebnis der Multiplikatordiskussion für die Dynamisierung der Konsumfunktion

Von den Versuchen zur Dynamisierung des Multiplikators wird man schon deshalb neue Gesichtspunkte auch für die Analyse der Konsumfunktion erwarten können, weil der Multiplikator selbst in seiner ursprünglichen Formulierung nichts anderes ist als der reziproke Wert des Grenzhangs zum Sparen und damit in einer eindeutigen Beziehung zur Konsumfunktion steht. Die Problemstellung der Multiplikatordiskussion allerdings bezieht sich nicht primär auf die Konsumfunktion, denn die Multiplikatortheorie ist in erster Linie als Instrument zur Analyse der Einkommensentwicklung gedacht, und ausschließlich von diesem Aspekt her wurden die dynamischen Ansätze entwickelt.

Will man die Wirkung einer autonomen — d. h. einer in bezug auf das jeweilige Modell exogenen — Ausgabenänderung auf das Einkommen vollständig erfassen, so sind bei einer dynamischen Analyse nicht allein die zusätzlichen Konsumausgaben, sondern alle induzierten Ausgabenänderungen von Bedeutung. Die Erweiterung der ursprünglichen Multiplikatoranalyse führt daher zu sogenannten „compound multipliers", die anstelle der marginalen Konsumquote die marginale Ausgabenquote für Konsum und Investition zusammen enthalten[23].

Dynamische Multiplikatoren sind in einer solchen Analyse nichts anderes als Maßzahlen, die — im Gegensatz zur statischen Formulierung — für jeden Zeitpunkt die Wirkung der Änderung einer ökonomischen Variablen auf eine andere ökonomische Variable, also etwa auf das Einkommen, darstellen[24]. Die Dynamisierung erfolgt

---

[23] Beispielsweise in der Form $\dfrac{dY}{dE} = \dfrac{1}{1 - E'}$, mit $E' = E'(Y) = C' + I'$. (C = Konsumausgaben, I = Investitionsausgaben.) Vgl. Oskar *Lange*, „The Theory of the Multiplier", Econometrica, Vol. II, 1943, S. 231; ferner Hugo *Hegeland*, The Multiplier Theory, Lund 1954, S. 165.

[24] Oskar *Lange*, „The Theory of the Multiplier", a.a.O., S. 237.

Das Ergebnis der Multiplikatordiskussion

durch Einführung zeitlicher Verzögerungen, zunächst nur durch Annahme eines einfachen „time-lag" zwischen der Änderung des Volkseinkommens und der dadurch induzierten Ausgabenänderung. Die allgemeinste Formulierung arbeitet mit einem „distributed lag", d. h. mit der Vorstellung, daß die von einer Änderung des Einkommens induzierte Änderung der Ausgaben sich auf eine Folge von Zeitperioden verteilt. Unter dieser Annahme ergibt sich die Einkommensänderung in jedem Zeitpunkt aus den induzierten Änderungen aller früheren Zeitperioden und der autonomen Ausgabenänderung im gegenwärtigen Zeitpunkt[25].

Hier wie bei der Konstruktion von Matrix-Multiplikatoren[26] steht offenbar die Analyse der Einkommensentwicklung und ihres zeitlichen Verlaufs im Vordergrund. Trotzdem ist es nicht ganz abwegig, die Multiplikatordiskussion unter unserer Fragestellung zu betrachten, denn wir können ihr eine dynamische Konsumfunktion entnehmen, deren Formulierung allgemeiner ist als der Robertsonsche Ansatz. Die Weiterführung ergibt sich aus der Annahme eines distributed lag auch für die Konsumausgaben. Im „compound multiplier" ist er für die Konsumfunktion bereits implizit enthalten, wird aber auch ausdrücklich auf sie übertragen[27]. Die Konsumfunktion erhält dann die Form

$$C_t = C_t (Y_{t-1}, Y_{t-2}, \ldots, Y_{t-k})$$

oder spezieller

$$C_t = \alpha_1 Y_{t-1} + \alpha_2 Y_{t-2} + \ldots + \alpha_k Y_{t-k}.$$

Das ist eine direkte Verallgemeinerung der auf Robertson und Keynes basierenden Annahmen: Die Konsumausgaben sind eine lineare Funktion allein des Einkommens, und zwar hier des Einkommens mehrerer vorangegangener Zeitperioden[28].

Dieser sehr allgemeine Ansatz genügte vollauf für den Zweck, für den er gedacht war, nämlich für eine theoretische Analyse der Einkommensentwicklung[29]. Anders wird das, wenn man seine Wirklich-

---

[25] Vgl. Oskar *Lange*, a.a.O., S. 239; ferner Richard M. *Goodwin*, „The Multiplier", in The New Economics, a.a.O., S. 484.

[26] Vgl. z. B. Richard M. *Goodwin*, „The Multiplier as Matrix", Ec. Jl., Vol. 59, 1949. Beim Matrix-Multiplikator wird die Gesamtwirtschaft in eine Reihe von Sektoren aufgegliedert, auf die das Multiplikatorprinzip, d. h. die von einer Einnahmeänderung induzierte Ausgabenänderung, einzeln angewandt wird.

[27] Richard M. *Goodwin*, „The Multiplier as Matrix", a.a.O., S. 555: „Present consumption depends in a perfectly definite and in principle derivable way on all previous income." Vgl. auch J. R. *Hicks*, A Contribution to the Theory of the Trade Cycle, a.a.O., Mathematical Appendix, S. 172.

[28] Eine ähnliche Formulierung enthält, allerdings mit anderer Begründung, bereits *Zwiedineck-Südenhorst's* „Gesetz der zeitlichen Einkommensfolge". Vgl. Otto *von Zwiedineck-Südenhorst*, „Die Arbeitslosigkeit und das Gesetz der zeitlichen Einkommensfolge". Weltwirtschaftliches Archiv 1931, wieder abgedruckt in Mensch und Wirtschaft, 1. Band, Berlin 1955, insbes. S. 202.

[29] J. R. *Hicks*, A Contribution to the Theory of the Trade Cycle, a.a.O.,

keitsnähe diskutiert und sich etwa über Art und Bedeutung der zeitlichen Verzögerungen Gedanken macht[30]. Bei einer solchen aus der Multiplikatortheorie erwachsenden Diskussion tritt dann „der" Multiplikator völlig in den Hintergrund gegenüber einer allgemeinen dynamischen Analyse des gesamten Einkommenskreislaufs[31]. Hierzu wiederum ist es aber wesentlich zweckmäßiger, die auftretenden Probleme einzeln in Angriff zu nehmen, als mit einer derart globalen Fragestellung zu arbeiten. Man wird sich dann nämlich sehr schnell darüber klar werden, daß es sich im wesentlichen nicht mehr um theoretische Probleme handelt, sondern um solche, die einer ökonometrischen Untersuchung bedürfen[32]. Der Konsumfunktion

$$C_t = \alpha_1 Y_{t-1} + \alpha_2 Y_{t-2} + \ldots + \alpha_k Y_{t-k}$$

kann man zwar entnehmen, daß die Konstanten α_i die unterschiedlichen Einflüsse weiter und näher zurückliegender Einkommen auf den gegenwärtigen Konsum enthalten und daß dieser von den Einkommenszahlungen der letzten k Zeitabschnitte bestimmt wird. Die numerische Größe der α_i und die Dauer und Zahl der relevanten Zeitperioden jedoch wären nur empirisch zu bestimmen. Theoretisch lassen sich, ausgehend von der Multiplikatoranalyse, weder Konsum- noch Investitionsfunktion weiter diskutieren, sie legt nur die Richtung einer empirischen Untersuchung fest.

Diese Notwendigkeit eines empirischen Tests ergibt sich ja letzten Endes für jede Verhaltensgleichung wie überhaupt für alle in die ökonomischen Modelle eingehenden Hypothesen. Ebenso selbstverständlich ist allerdings, daß man bereits bei Formulierung der Hypothesen und vor einer direkten empirischen Untersuchung vorhandene Informationen weitestmöglich zu berücksichtigen suchen wird. Sinnvollerweise wird man hierzu auch alle jene Theorien heranziehen, die geeignet erscheinen, von einem anderen Ansatz her neue Anhaltspunkte für die eigentliche Problemstellung zu geben. Dieser nächste Schritt ist in unserem Falle besonders naheliegend: Wir haben uns,

---

S. 22: „... consumption lags are a matter of real importance, and we need little more than that for most of the work which follows."

[30] Vgl. etwa Fritz *Machlup*, „Period Analysis and Multiplier Theory", QJE, Vol. 54, 1939, wieder abgedruckt in Readings in Business Cycle Theory, a.a.O.; Gardner *Ackley*, „The Multiplier Time Period: Money, Inventories, and Flexibility", AER, Vol. 41, 1951.

[31] Rudolf *Richter*, „Über die Grenzen der Multiplikatortheorie", in Beiträge zur Multiplikatortheorie, hgg. von Erich Schneider, Berlin 1954, S. 45.

[32] Das zeigt sich deutlich in allen kritischen Zusammenfassungen der Multiplikatortheorie. Vgl. z. B. G. L. S. *Shackle* „Twenty Years On: A Survey of the Theory of the Multiplier". Ec. Jl., Vol. 61, 1951; Herbert *Giersch*, „Einige kontroverse Fragen der Multiplikatortheorie", in Beiträge zur Multiplikatortheorie", a.a.O.; Hugo *Hegeland*, The Multiplier Theory, a.a.O., insbesondere Kap. VII.

ausgehend von der makroökonomischen Konsumfunktion der „General Theory", bisher auf eine Diskussion der Makrotheorie beschränkt. Die Konsumfunktion als Verhaltensrelation beruht aber auf den Konsumentscheidungen aller individuellen Konsumenten, und daher ist es nur folgerichtig, zu ihrer Erklärung auch auf die mikroökonomische Theorie des Konsumentenverhaltens zurückzugreifen. Wir gehen dabei von dem Gedanken aus, daß die Mikrotheorie versucht, mehr auf die dem individuellen Verhalten zugrundeliegenden Motive abzustellen, und insofern einen Schritt weiter geht als die Makrotheorie. Es wäre deshalb denkbar, daß man von hier aus die theoretische Diskussion um eine dynamische Konsumfunktion weiterführen könnte. Es ist darüber hinaus durchaus im Sinne einer Synthese der theoretischen Ansätze, wenn versucht wird, Aussagen über makroökonomische Relationen aus denen des mikroökonomischen Systems zu entwickeln.

Wir wenden uns also jetzt der Theorie des Konsumentenverhaltens zu, um ihre Brauchbarkeit für die Untersuchung des Erkenntniswertes einer dynamischen Konsumfunktion zu prüfen.

Zweiter Teil

Die Theorie des Konsumentenverhaltens (Wahlhandlungstheorie)

1. Kapitel

Die Grundlagen der Theorie des Konsumentenverhaltens

1. Präferenzsystem und Rationalprinzip

Die Theorie des Konsumentenverhaltens (Wahlhandlungstheorie) wird im allgemeinen im Rahmen der Preistheorie behandelt. Das Ziel besteht darin, die individuellen Nachfragefunktionen für ein bestimmtes Gut aus ihr abzuleiten und damit die nachgefragten Mengen dieses Gutes in Abhängigkeit von seinem Preis, den Preisen aller übrigen Güter und dem individuellen Einkommen darzustellen. Natürlich ist es nicht schwierig, in ganz analoger Weise aus der Theorie des Konsumentenverhaltens auch individuelle Konsumfunktionen abzuleiten, also Funktionen, die nicht die mengenmäßige Nachfrage nach einem einzelnen Gut, sondern die gesamte monetäre Nachfrage eines einzelnen Konsumenten erklären[1]. Wir möchten deshalb hier auf die ausführliche Darstellung dieser Umformulierung verzichten. Auch die Theorie des Konsumentenverhaltens selbst wollen wir nicht in allen Einzelheiten und streng axiomatisch entwickeln, denn für unsere Zwecke genügt eine kurze Charakterisierung ihrer Hypothesen[2].

Wir folgen dabei im wesentlichen nur dem Ansatz Paretos, der von der individuellen Bedarfsstruktur in Gestalt des Präferenz- oder Indifferenzsystems ausgeht. Wir kümmern uns also nicht um die Varianten dieses Ansatzes, die der Argumentation anstelle von Präferenzsystemen etwa Grenzraten der Substitution oder beobachtetes Verhalten, sogenannte „revealed preferences", zugrunde legen,

---

[1] Vgl. Lawrence R. *Klein*, The Keynesian Revolution, New York 1950, S. 192 ff.; Robert *Ferber*, A Study of Aggregate Consumption Functions, New York 1953, S. 61 ff.; Erich *Schneider*, Einführung in die Wirtschaftstheorie, II. Teil, 3. Aufl., a.a.O., S. 46 f.

[2] Ausführliche Darstellungen vgl. etwa bei John R. *Hicks*, Value and Capital, 2. ed., Oxford 1946; P. A. *Samuelson*, Foundations of Economic Analysis, Cambridge, Mass. 1948; Herman *Wold*, Demand Analysis, Stockholm—New York 1952; Erich *Schneider*, Einführung in die Wirtschaftstheorie, II. Teil, 3. Aufl., a.a.O.

und um die Zusammenhänge zwischen diesen alternativen Formulierungen[3].

Die Wahlhandlungstheorie geht davon aus, daß jeder Konsument eine gewisse Bedarfsstruktur besitze, die ihm erlaube, für beliebige Gütermengenkombinationen eine individuelle Rangordnung (Präferenzskala, Präferenzsystem) aufzustellen. Wenn also irgend zwei Gütermengenkombinationen

$$X^0 = (x_1^0, x_2^0, ..., x_n^0) \text{ und } X^1 = (x_1^1, x_2^1, ..., x_n^1)\,[4]$$

gegeben sind, so ist der Konsument in der Lage, sich zu entscheiden, ob er X^0 gegenüber X^1 vorzieht *oder* ob er X^1 gegenüber X^0 vorzieht *oder* ob er X^0 und X^1 für gleichwertig ansieht (Indifferenz). Dabei wird außerdem als Ausdruck für logisch konsistentes Verhalten Transitivität dieser Beziehungen angenommen: Wenn X^0 gegenüber X^1 vorgezogen wird und X^1 gegenüber X^2, dann wird auch X^0 gegenüber X^2 vorgezogen.

Die Präferenzskala wird herkömmlicherweise durch eine Funktion beschrieben, indem jeder Gütermengenkombination eine Zahl zugeordnet wird:

$$U = \varphi(X) = \varphi(x_1, x_2, ..., x_n).$$

Eine solche „Nutzen"-Funktion (Präferenzindexfunktion, Ophelimitätsindexfunktion)[5] wird so konstruiert,

daß $\varphi(X^0) > \varphi(X^1)$, wenn die Kombination X^0 der Kombination X^1 vorgezogen wird,

daß $\varphi(X^0) < \varphi(X^1)$, wenn die Kombination X^1 der Kombination X^0 vorgezogen wird,

und daß $\varphi(X^0) = \varphi(X^1)$, wenn der Konsument gegenüber beiden Kombinationen indifferent ist.

Sind nun die Güterpreise und das Einkommen gegeben, so wird angenommen, daß der Konsument so über sein Einkommen verfüge, daß er die unter diesen Bedingungen für ihn günstigste Gütermengenkombination nachfrage und damit das höchste „Versorgungsniveau", den maximalen Nutzen realisiere. Diese Hypothese stellt die Definition des Rationalprinzips für den Konsumenten dar: Zweckrationales Verhalten[6] besteht für ihn in der Realisierung der jeweils besten Güter-

---

[3] Hierzu vgl. Herman *Wold*, a.a.O., S. 92 ff.
[4] Wobei $x_i \geq 0$ jeweils die Menge des i-ten Gutes angibt. Wir benützen im folgenden weiter die Symbole X^0 bzw. X^1 im Sinne der obigen vektoriellen Darstellung als Ausdrücke für bestimmte Gütermengenkombinationen.
[5] Wir werden im folgenden weiter den Ausdruck „Nutzen"-Funktion verwenden, allerdings in ausschließlich formalem Sinn, da es sich bei der Funktion φ natürlich nur um eine in bestimmter Weise konstruierte Indexfunktion handelt.
[6] „Zweckrational" im Sinne Max Webers. Vgl. Max *Weber*, Wirtschaft und Gesellschaft, Grundriß der Sozialökonomik, III. Abt., 1. Halbband, 3. Aufl., Tübingen 1947, S. 12.

mengenkombination, und den Maßstab hierfür liefert das Präferenzsystem als Ausdruck für die Bedarfsstruktur des Konsumenten.

So viel über die Grundlagen der Theorie des Konsumentenverhaltens — Präferenzsystem und Rationalprinzip. Wir sind uns durchaus bewußt, daß wir uns mit unserer Darstellung über eine ganze Reihe von Einzelfragen hinweggesetzt haben, die in letzter Zeit (zum Teil: wieder) Gegenstand der wissenschaftlichen Diskussion gewesen sind. Das sind insbesondere Fragen der Zusammenhänge zwischen revealed preference-Relationen und Indifferenzfunktionen[7] oder Probleme, die sich in Verbindung mit dem Nutzenkonzept von Neumanns und Morgensterns ergeben[8]. Weil jedoch für unsere Fragestellung zunächst unsere kurze einleitende Darstellung genügt, wollen wir hierauf nicht näher eingehen und die Begriffe „Präferenzsystem" und „Nutzenfunktion" im oben definierten Sinne weiter verwenden. Einige der speziell für eine dynamische Analyse interessanten Probleme des Präferenzsystems und des Rationalprinzips werden uns ohnehin später noch beschäftigen.

2. Grenzen des Erkenntniswertes der traditionellen Wahlhandlungstheorie

Zunächst ist uns die Feststellung wichtig, daß es sich bei der Wahlhandlungstheorie in ihrer oben skizzierten Form um eine statische Theorie handelt.

Das Rationalprinzip in Gestalt der Nutzenmaximierung bezieht sich allein auf den gegenwärtigen Zeitpunkt und auf eine gegebene Präferenzskala, die eine individuelle Rangordnung *aller möglichen* alternativen Gütermengenkombinationen enthält. Das bedeutet, der Konsument weiß, was er will, und darüber hinaus, daß er durch seine Handlungen sein Ziel erreichen wird, denn in diesem zeitlosen System gibt es keine Unsicherheit. Unsicherheit auch nicht in der Form, daß die Entscheidungen des Konsumenten etwa seine Präferenzskala verändern könnten, weil er durch seine Käufe hinzulernt. Preise und

---

[7] Vgl. z. B. die Diskussion zwischen W. E. *Armstrong*, Charles *Kennedy* und I. M. D. *Little* in Oxford Ec. Pap. N. S., Vol. 1, 1949 und Vol. 2, 1950. Ferner u. a. W. J. *Corlett* and P. K. *Newman*, „A Note on Revealed Preference and the Transitivity Condition", Rev. Ec. Stud., Vol. 20, 1952/53; Peter *Newman*, „The Foundations of Revealed Preference Theory", Oxf. Ec. Pap. N. S., Vol. 7, 1955.
[8] John *von Neumann* and Oskar *Morgenstern*, Theory of Games and Economic Behavior, 2. ed., Princeton, N. J. 1947, S. 617 ff. Ferner u. a. Milton *Friedman* and L. J. *Savage*, „The Utility of Choices Involving Risk", Jl. Pol. Ec., Vol. 56, 1948; dies., „The Expected-Utility Hypothesis and the Measurability of Utility", Jl. Pol. Ec., Vol. 60, 1952; Armen A. *Alchian*, „The Meaning of Utility Measurement", AER, Vol. 43, 1953; D. *Ellsberg*, „Classic and Current Notions of ‚Measurable Utility'", Ec. Jl., Vol. 64, 1954; Milton *Friedman*, „What All is Utility?", Ec. Jl., Vol. 65, 1955.

Einkommen sind für den Konsumenten Daten, haben aber voraussetzungsgemäß auf seine Bedarfsstruktur keinen Einfluß. Welche Wirkungen von Preis- und Einkommensänderungen man immer in der herkömmlichen Theorie analysiert, das Präferenzsystem selbst bleibt davon unberührt.

Als Grundlage für eine dynamische Konsumfunktion wäre die Theorie in dieser Form sicherlich wenig geeignet. Daher ist zu untersuchen, inwieweit die hier aufgezeigten Hypothesen bei einer Berücksichtigung des Zeitverlaufs noch haltbar sind und vor welchen methodischen Fragen eine dynamische Theorie des Konsumentenverhaltens steht.

Um aber an Hand konkreter Beispiele zunächst einmal zu zeigen, welche Art von Problemen der statischen Wahlhandlungstheorie nur schwer zugänglich sind, wählen wir zwei spezielle Aspekte der Theorie des Konsumentenverhaltens, nämlich einmal die Nachfrage nach Geld und die Geldhaltung, zum anderen die Beeinflussung individueller Konsumtscheidungen durch soziale Gegebenheiten, durch die sogenannte „Interdependenz" der individuellen Präferenzen. Wir werden nachzuweisen versuchen, daß die für das Konsumentenverhalten wesentlichsten monetären und sozialen Einflüsse angemessen nur mit Hilfe einer dynamischen Analyse erklärt werden können. Nicht zu entscheiden haben wir dabei allerdings über die Frage, inwieweit eine allgemeine dynamische Theorie des Konsumentenverhaltens überhaupt monetäre und soziale Phänomene berücksichtigen sollte, und es mag deshalb verwundern, weshalb wir sie hier relativ ausführlich behandeln. Wir tun es vor allem, weil beide Problemkreise — Geldhaltung und Interdependenz der Präferenzen — gerade im Zusammenhang mit der Diskussion um die Gestalt der Konsumfunktion in letzter Zeit häufig erörtert wurden[9].

2. Kapitel

Geldhaltung und Theorie des Konsumentenverhaltens

1. Gründe für die isolierte Behandlung von Geld- und Gütersektor und ihre Problematik

Wenn wir im folgenden nachweisen wollen, daß die Erklärung der Geld- und Vermögenshaltung eine dynamische Theorie des Konsumentenverhaltens voraussetzt, erscheint es zweckmäßig, an den Ausgangspunkt die Überlegung zu stellen, warum üblicherweise monetäre

---

[9] Vgl. hierzu die auf S. 32 und 94 und S. 40 und S. 50 ff. angegebene Literatur.

Probleme außerhalb des Rahmens der Nachfragetheorie und der Theorie des Konsumentenverhaltens abgehandelt werden[10]. Da uns zunächst allein die mikroökonomische Theorie interessiert, sei an dieser Stelle nur darauf verwiesen, daß die folgenden Erörterungen in vielem ein Analogon in der sich an Keynes anschließenden Diskussion etwa des sogenannten Pigou-Effekts oder allgemeiner der wealth-saving-relationship haben, die sich mit dem Einfluß von Kassenbeständen und Vermögenswerten auf die makroökonomische Konsum- und Sparneigung beschäftigt[11].

Bekanntlich wird in der Nachfragetheorie angenommen, daß die Mengen der nachgefragten Güter nur von den Relationen der Güterpreise abhingen, nicht aber vom Preisniveau und damit nicht von der jeweils vorhandenen Geldmenge. Es gibt keine „Geldillusion" in dem Sinne, daß die Konsumenten ihre Nachfragedispositionen bei einer proportionalen Änderung sämtlicher Preise und Einkommen revidierten. Die Nachfrage nach Geld wird als ein Problem angesehen, das allein den Geldsektor berührt und unabhängig vom Gütersektor analysiert werden kann. Das traditionelle theoretische Verbindungsstück zwischen Geld- und Gütersektor, die Quantitätstheorie, leitet die Geldhaltung allein aus einer institutionellen Konstanten, der Umlaufsgeschwindigkeit des Geldes, ab und kann schon aus diesem Grunde zu der Erklärung geldwirtschaftlicher Phänomene wenig beitragen[12].

Diese Konstruktion ist eine Konsequenz der traditionellen Formulierung des Rationalprinzips in der Theorie des Konsumentenverhaltens: Die Nutzenmaximierung bezieht sich nur auf „echte" Güter und

---

[10] Die preis- und zinstheoretischen Konsequenzen unserer Ausführungen wollen wir außer Betracht lassen (vgl. dazu etwa P. N. *Rosenstein-Rodan*, „The Coordination of the General Theory of Money and Prices", Economica N. S., Vol. 3, 1936, mit einer Zusammenfassung der Ansätze bis zu jener Zeit; ferner Kenneth E. *Boulding*, „A Liquidity Preference Theory of Market Prices", Economica N.S. Vol. 9, 1944, wieder abgedruckt in Readings in Price Theory, Chicago-Homewood, Ill. 1952), also insbesondere auch die neuerdings sehr lebhafte Diskussion über die Bedingungen, die ein sowohl Geld- als auch Gütersektor umfassendes System erfüllen muß, um sämtliche Preise und den Zinssatz eindeutig zu bestimmen. Hierzu vgl. u. a. Oskar *Lange*, „Say's Law: A Restatement and Criticism", in Studies in Mathematical Economics and Econometrics, Chicago 1942; ders., Price Flexibility and Employment, Bloomington 1944; ferner die im Literaturverzeichnis im einzelnen aufgeführten Beiträge von Don *Patinkin* in Econometrica, Vol. 16, 1948; Vol. 17, 1949; Vol. 19, 1951; Rev. of Ec. Stud., Vol. 18, 1950/51; Vol. 19, 1951/52; und schließlich Stefan *Valavanis*, „A Denial of Patinkin's Contradiction", Kyklos, Vol. 8, 1955.
[11] Vgl. u. a. Lloyd A. *Metzler*, „Wealth, Saving, and the Rate of Interest", Jl. Pol. Ec., Vol. 59, 1951; Gardner *Ackley*, „The Wealth-Saving Relationship", ibid.; G. *Haberler*, „The Pigou Effect Once More", Jl. Pol. Ec., Vol. 60, 1952.
[12] Vgl. hierzu etwa Albert G. *Hart*, Money, Debt, and Economic Activity, 2. ed., New York 1953.

Die isolierte Behandlung von Geld- und Gütersektor

zinsbringende Forderungen, nicht aber auf Geld, das selbst weder Produktionsgut noch Konsumgut ist und von dem daher angenommen werden muß, daß es für den Konsumenten keinen Nutzen besitze. Man hat diesen Gedanken weiter verfolgt und daraus abgeleitet, daß, da der Preis des Geldes im Verhältnis zu den Preisen nützlicher Güter gegen Null tendieren müsse, die absoluten Preise in einem solchen ökonomischen System unendlich groß würden[13]. Jeder Besitzer eines Vorrats von angenommenerweise nutzlosem Bargeld nämlich werde versuchen, diesen Vorrat so bald wie möglich gegen Güter einzutauschen, so daß die Umlaufsgeschwindigkeit des Geldes beliebig groß werde — nach Samuelson „an over-dramatic way of saying that nobody would hold money, and it would become a free good to go into the category of shells and other things which once served as money"[14].

Für eine Geldwirtschaft ist ein solches Resultat natürlich unsinnig, und es erscheint demgegenüber vernünftig, anzunehmen, daß die Wirtschaftssubjekte in der Haltung von Geld ebenfalls einen Nutzen sehen. Weiter wird man davon ausgehen müssen, daß ihre Entscheidungen auf dem Gütermarkt im allgemeinen mit von ihren Entscheidungen auf dem Geldsektor abhängen und daß dies nur unter speziellen Bedingungen nicht der Fall ist[15]. Man hat sich dann zu überlegen, in welcher Form die Hypothese der Nutzenmaximierung die Geldhaltung berücksichtigen kann, was auf eine Diskussion der Funktionen des Geldes und der Motive zur Geldhaltung hinausläuft. Zwar wird sonst grundsätzlich nie danach gefragt, *warum* der Konsument diese oder jene Güter nachfrage und *warum* sie für ihn Nutzen haben, aber im Falle des Geldes ist die Situation insofern anders, als die Geldhaltung im wesentlichen nicht vom Geschmack oder anderen psychologischen — jedenfalls außerökonomischen — Faktoren beeinflußt wird, sondern von ökonomischen Gegebenheiten. Daher ist es sinnvoller, die Geldhaltung

---

[13] Vgl. Fußnote 10 auf S. 32; ferner Jakob *Marschak*, „The Rationale of the Demand for Money and of ‚Money Illusion'", Metroeconomica, Vol. 2, 1950; Karl *Brunner*, „Inconsistency and Indeterminacy in Classical Economics", Econometrica, Vol. 19, 1951.

[14] Paul A. *Samuelson*, Foundations of Economic Analysis, a.a.O., S. 214.

[15] So nimmt z. B. Morishima an, daß die Präferenzen des Konsumenten in bezug auf eine bestimmte Gütergruppe nicht vom Vorhandensein anderer Güter (bzw. von Kassen- und Vermögenshaltung) abhängig seien. Die Grenzraten der Substitution etwa zwischen den Gütern $X_1, X_2, \ldots, X_k$ sind dann unabhängig von den Mengen der Güter $X_{k+1}, X_{k+2}, \ldots, X_n$. Das ist nur möglich, wenn die Nutzenfunktion eine spezielle Form hat, und in diesem Fall können die beiden Sektoren, also z. B. Geld- und Gütersektor, voneinander getrennt betrachtet werden. Die Nachfrage nach Konsumgütern hängt dann ausschließlich von den Präferenzen des Konsumenten für die Eigenschaften dieser Güter ab und ist unabhängig von den absoluten Preisen und von der Kassen- und Wertpapierhaltung. Vgl. Michio *Morishima*, „Consumer's Behavior and Liquidity Preference", Econometrica, Vol. 20, 1952.

nicht wie üblicherweise die Bedarfsstruktur als Datum zu setzen, sondern sie aus dem ökonomischen System selbst zu erklären[16].

2. Die Tauschmittelfunktion des Geldes

Das Geld hat zunächst einen Nutzen als allgemeines Tauschmittel. Er ist abhängig von der Kaufkraft des Geldes, d. h. von den Güterpreisen. Das führt dazu, als Ausdruck für die Möglichkeit, mit einer bestimmten Geldmenge ein Äquivalent an Gütern kaufen zu können, in die individuellen Nutzenfunktionen außer den nachzufragenden Gütermengen auch die Preise der Güter aufzunehmen. (Dieser Weg wird allerdings von einer Reihe von Autoren mit der Begründung abgelehnt, daß sich hieraus ein Zirkelschluß für die Preistheorie ergebe: Während der Nutzen der Güter ihre relativen Preise bestimme, sei der Nutzen des Geldes erst das Ergebnis dieses Preisprozesses[17].)

Außer in den Nutzenfunktionen ist die Geldhaltung natürlich auch in den individuellen Bilanzgleichungen zu berücksichtigen. Daraus ergeben sich dann Folgerungen für die Eigenschaften der Nachfragefunktionen, die von denen der bisherigen Theorie abweichen. So kann man bei Preisänderungen eines bestimmten Gutes beispielsweise nicht mehr mit den üblichen Substitutions- und Einkommenseffekten rechnen. Der Einkommenseffekt für alle Konsumgüter kann selbst dann gering sein, wenn sich der Preis eines für das individuelle Budget wichtigen Gutes ändert, denn die Wirkung kann von der Geldhaltung aufgefangen werden. Ähnliches gilt für den Substitutionseffekt[18].

Diese Andeutungen mögen hier genügen; man sieht aus ihnen bereits, wie durch die Umformulierung der Bedingungen für die Nutzenmaximierung eine Verbindung zwischen Geld- und Güternachfrage entsteht.

---

[16] Don *Patinkin*, „Further Considerations of the General Equilibrium Theory of Money", The Rev. of Ec. Stud., Vol. 19, 1951/52, S. 189.

[17] Vgl. P. N. *Rosenstein-Rodan*, a.a.O., S. 270 und die dort zitierte Literatur. Es gibt jedoch auch Möglichkeiten, die Geldhaltung mit dem Ansatz der Nutzenmaximierung zu analysieren, ohne das Geld in die Nutzenfunktionen selbst einzuführen. So nimmt z .B. Brunner innerhalb eines statischen Systems an, daß die Geldhaltung durch eine zusätzliche Bedingungsgleichung zu den tatsächlich in die Nutzenfunktion eingehenden Gütermengen in Beziehung gesetzt wird. Diese Bedingungsgleichung für die Geldhaltung ist außer der Bilanzgleichung bei der Nutzenmaximierung zu berücksichtigen. Sie besagt bei Brunner folgendes: Die Nachfrage nach Geld erfolgt jeweils so, daß die vom Individuum gehaltene Geldmenge ein konstanter Bruchteil des Gesamtwertes der von ihm gegenwärtig nachgefragten Gütermenge ist. Der hier eingehende konstante Faktor ist für jedes Wirtschaftssubjekt verschieden groß und wird — ähnlich wie die Umlaufsgeschwindigkeit in der Quantitätstheorie — als institutionelle Konstante angesehen, die sich unabhängig von ökonomischen Zusammenhängen bestimmt. Vgl. Karl *Brunner*, a.a.O., S. 170, und *Patinkin's* Kritik, ibid., S. 148, n. 28.

[18] Vgl. im einzelnen hierzu C. E. V. *Leser*, „The Consumer's Demand for Money", Econometrica, Vol. 11, 1943, insbes. S. 130 f. Ferner Paul A. *Samuelson*, Foundations of Economic Analysis, a.a.O., S. 121.

Aber fragen wir uns nun doch einmal, ob dieser Ansatz für die Erklärung der Nachfrage nach Geld und Geldhaltung wirklich ausreicht? Wir hatten es bis jetzt mit einem statischen System zu tun, und in einem solchen System wird üblicherweise Markttransparenz und vollkommene Voraussicht angenommen. Warum also sollte in diesem Fall überhaupt Geld gehalten werden, warum nicht nur zinsbringende Vermögenswerte[19]?

Meistens hilft man sich mit der Annahme der Existenz von „Friktionen" oder Marktunvollkommenheiten irgendeiner Form, etwa in Gestalt der Kosten einer Investition vorhandener kleinerer Geldbeträge oder der Mühe, sich zu überlegen, wie man sein Geld am besten anlegen solle. Das sind jedoch nur Verlegenheitslösungen, die auf dasselbe hinauslaufen wie die quantitätstheoretische Annahme einer institutionell — im wesentlichen durch Zahlungstermine und -gewohnheiten — bestimmten Geldhaltung.

3. Die Wertaufbewahrungsfunktion des Geldes

Um von hier aus weiterargumentieren zu können, müssen wir berücksichtigen, daß das Geld nicht nur Transaktionsmittel, sondern auch Wertaufbewahrungsmittel ist, und daß sich beide Funktionen nicht scharf voneinander trennen lassen: Geld als Tauschmittel hat zwar einen Nutzen auf Grund seiner Kaufkraft, aber vor allem auch deshalb, weil man diese Kaufkraft — im allgemeinen jedenfalls — jederzeit realisieren kann[20]. In den Vordergrund des Interesses rückt damit die Wertaufbewahrungsfunktion, die allgemein als das wesentliche Charakteristikum des Geldes überhaupt angesehen wird. Alle Autoren sind sich darüber einig, daß damit zeitliche Aspekte in die Betrachtung einbezogen werden und daß deshalb eine statische Analyse wenig sinnvoll erscheint, denn in einem statischen System gibt es keine Begründung dafür, Vermögenswerte ausgerechnet in Form von Geld aufzubewahren[21].

Meistens wird die Wertaufbewahrungsfunktion des Geldes auf die Existenz von Unsicherheit und ungewissen Erwartungen zurückgeführt, wie etwa bei Rosenstein-Rodan, der annimmt, daß die Nachfrage nach Gütern außer von den gegenwärtigen auch von den erwarteten Preisen abhängt und daß sich die Ungewißheit dieser Preiserwartun-

---

[19] P. N. *Rosenstein-Rodan*, a.a.O., S. 272; ferner J. R. *Hicks*, „A Suggestion for Simplifying the Theory of Money", Economica N. S., Vol. 2, 1935 (wieder abgedruckt in Readings in Monetary Theory, London 1952).
[20] Gary S. *Becker* and William J. *Baumol*, „The Classical Monetary Theory: The Outcome of the Discussion", Economica N. S., Vol. 19, 1952, S. 367.
[21] Vgl. in diesem Zusammenhang etwa die Kritik Hahns an Patinkin. (F. H. *Hahn*, „The General Equilibrium Theory of Money: A Comment", Rev. of Ec. Stud., Vol. 19, 1951/52, S. 183.)

gen im Wunsch nach Geldhaltung und in der Nachfrage nach Geld ausdrückt[22]. Marschak weist demgegenüber darauf hin, daß auch ohne Berücksichtigung von Unsicherheit die Geldhaltung — wenn auch nur unvollkommen — erklärt werden kann, nämlich mit der Annahme, daß sinkende Preise erwartet werden[23].

Nun ist Geld jedoch nicht der einzige Vermögenswert, denn es teilt die Wertaufbewahrungsfunktion mit einer ganzen Reihe von Vermögensformen. Deshalb ist es zweckmäßig, die Geldhaltung unter diesem Aspekt in eine allgemeine Theorie der Vermögenshaltung einzubeziehen. Eine solche Theorie hat unter anderem zu erklären, welche Kombination von Vermögenswerten das Wirtschaftssubjekt wählt und wovon seine Entscheidung bestimmt wird. Sie geht davon aus, daß jede Form der Vermögenshaltung spezielle Vor- und Nachteile hat: Geldhaltung beispielsweise wirft keinen Zinsertrag ab, verursacht andererseits aber auch keine Kosten und macht sich bei sinkenden Güterpreisen und sinkenden Wertpapierkursen bezahlt, während bei sinkendem Zinssatz die Haltung von Wertpapieren gewinnbringend ist[24]. Für welche Form der Vermögenshaltung sich das Wirtschaftssubjekt entscheidet, hängt nicht nur von Zeitpunkt und Art seiner späteren Zahlungsverpflichtungen ab, sondern vor allem vom Grad der Unsicherheit, von den Preiserwartungen und nicht zuletzt von der subjektiven Einstellung gegenüber Risiken und Gewinnchancen.

Das läßt deutlich werden, daß man zur Erklärung der Geldhaltung und der Vermögenshaltung eine sehr umfassende dynamische Verhaltenstheorie braucht, die von einer Erweiterung und Neuinterpretation traditioneller Verhaltensprinzipien ausgehen muß. Beispielsweise wird dann das Problem der Geldillusion einen anderen Sinn erhalten als seither: In einem solchen geldwirtschaftlichen System kann es durchaus *rational* sein, wenn die Konsumenten bei Änderungen des Preisniveaus ihre Geldhaltung relativ zur Güterhaltung und zum laufenden Konsum ändern, wenn sie sich also nicht nur — wie die herkömmliche Theorie annimmt — nach den relativen, sondern auch nach den absoluten Preisen der Güter richten[25].

Die Notwendigkeit einer dynamischen Analyse zeigt sehr klar ein von Marschak 1938 entwickeltes Modell, das aus diesem Grund abschließend hier skizziert werden soll[26]. Es soll die zu jedem Zeitpunkt

---
[22] P. N. *Rosenstein-Rodan*, a.a.O., S. 278 ff.
[23] Jacob *Marschak*, a.a.O.; ferner ders., „Money and the Theory of Assets", Econometrica, Vol. 6, 1938.
[24] Vgl. hierzu im einzelnen Richard A. *Musgrave*, „Money, Liquidity, and the Valuation of Assets", in Money, Trade, and Economic Growth, New York 1951.
[25] Zum Problem der Geldillusion vgl. etwa die beiden angeführten Artikel *Marschaks*, ferner Don *Patinkin*, „A Reconsideration of the General Equilibrium Theory of Money", Rev. of Ec. Stud., Vol. 18, 1950/51, S. 51.
[26] Jacob *Marschak*, „Money and the Theory of Assets", a.a.O. Zur Er-

gehaltenen Güter- und Forderungsvorräte und ihre jeweiligen Marktpreise erklären. Marschak ist der Ansicht, daß hierzu die übliche statische Wahlhandlungstheorie nicht ausreiche, da sie über Vorräte — ob in Form von Gütern, Wertpapieren oder Geld — keinerlei Aussagen mache. Darüber hinaus sei ihr Ansatz nicht geeignet zur Einbeziehung des Geldes, das weder Produktionsgut noch Konsumgut sei. Er hält es deshalb für zweckmäßiger, die Konzepte der Wahlhandlungstheorie in folgender Weise zu verallgemeinern:

Alle Marktteilnehmer — einerlei, ob Konsumenten oder Unternehmer — werden als Investoren betrachtet, deren Ziel es ist, für eine Reihe zukünftiger Zeitperioden einen möglichst günstigen Konsumplan zu realisieren. Zu diesem Zweck erwirbt jeder Investor Vermögenswerte, mit deren Hilfe er sich später die gewünschten Konsumgütermengen verschaffen kann. Das geschieht in einer Marktwirtschaft durch späteren Verkauf oder Tausch der früher erworbenen Aktiva und/oder durch ihre produktive Verwendung, und indem solcherart sowohl spekulative als auch produktive Vorräte berücksichtigt werden, können Produktions- und Konsumaspekte völlig analog behandelt werden. In beiden Fällen kann der zukünftige Konsumplan als Ertrag der jeweiligen Vermögenswerte betrachtet werden.

Der Erwerb von Vermögenswerten in der Gegenwart und ihre Kombination nun ist wesentlich abhängig von den Erwartungen über ihre spätere Verwendbarkeit auf dem Markt und über die zukünftigen Produktionsbedingungen. Der Zusammenhang zwischen zukünftigem Konsum und vorhandener Kombination von Vermögenswerten wird durch eine Transformationsgleichung dargestellt:

$$T(x, y, \ldots; a, b, \ldots) = 0.$$

Sie beschreibt, welche Konsumpläne $x, y, \ldots$ das Wirtschaftssubjekt mit Hilfe einer bestimmten Kombination von Vermögenswerten $a, b, \ldots$ zukünftig für realisierbar hält, und hängt deshalb sowohl von den erwarteten technischen Produktionsbedingungen wie von den erwarteten Marktpreisen ab. Nimmt man die übliche Nutzenfunktion $U(x, y, \ldots)$ und die Bilanzgleichung $p(a-a_0) + q(b-b_0) + \ldots = 0$ hinzu, in der $p, q, \ldots$ die Preise der Aktiva und $a_0, b_0, \ldots$ die vorhandenen Anfangsbestände sind, so lassen sich unter Berücksichtigung der Transformationsgleichung folgende Fragen beantworten: Wie sieht der optimale Konsumplan aus, der sich mit einer bestimmten Kombination von Vermögenswerten realisieren läßt? Und: Welche Kombination von Vermögenswerten ist optimal für die Realisierung eines bestimmten Konsumplans?

---

läuterung dieses Modells vgl. auch Helen *Makower* and Jacob *Marschak*, „Assets, Prices, and Monetary Theory", Economica N. S., Vol. 5, 1938 (wieder abgedruckt in Readings in Price Theory, a.a.O.).

Auf diese Weise kann gezeigt werden, wie die Vermögenshaltung mit den laufenden und zukünftigen Konsumentscheidungen zusammenhängt. Die Hauptproblematik liegt natürlich in der Transformationsgleichung als einer von Erwartungsgrößen bestimmten Beziehung. Marschak selbst hat sein Modell durch explizite Berücksichtigung von Unsicherheit und Marktunvollkommenheiten noch erweitert, aber als Beispiel für eine aus der mikroökonomischen Wahlhandlungstheorie entwickelte Theorie der Vermögenshaltung mag das bisher Gesagte genügen, da zudem die heutige Theorie zur Erklärung optimalen Verhaltens bei Existenz von Risiko und Unsicherheit einen anderen Begriffsapparat verwendet[27].

4. Folgerungen für die Wahlhandlungstheorie

Es ist ausschließlich ein Zweckmäßigkeitsproblem, ob man einer theoretischen Erklärung der Vermögenshaltung den sehr allgemeinen Ansatz Marschaks zugrunde legen will oder ob man zur Lösung spezieller Fragen einen anderen Weg für geeigneter hält. Uns diente das Marschaksche Modell lediglich dazu, nochmals die folgenden Ergebnisse unserer Diskussion der Probleme von Geld- und Vermögenshaltung deutlich zu machen:

Einmal ist es für die Analyse eines geldwirtschaftlichen Systems wenig sinnvoll, eine Theorie des Konsumentenverhaltens nur auf die Nachfrage für „echte" Güter zu beschränken, wie es traditionellerweise geschieht, und alle Probleme der Nachfrage nach Geld strikt davon zu trennen und isoliert zu betrachten. Darüber hinaus läßt sich feststellen, daß die wichtigsten Aspekte der Geld- und Vermögenshaltung eng mit Erwartungsgrößen — Preisen, Risiken, Gewinnchancen — zusammenhängen und deshalb Fragen aufwerfen, die nur durch eine den Zeitverlauf berücksichtigende Analyse angemessen erklärt werden können.

3. Kapitel

Die „Interdependenz" individueller Konsumdispositionen

1. „Interdependenz der Präferenzen" und traditionelle Theorie

Die Phänomene, mit denen sich der vorige Abschnitt auseinandersetzte, waren ausschließlich ökonomischer Art. Das ist bei den nun zu behandelnden Problemen nicht der Fall, und deshalb ist ihre Einbeziehung in den Rahmen der ökonomischen Theorie wesentlich schwieriger.

---

[27] Vgl. unten S. 55, 87.

Es handelt sich hier um Einwände gegen das „Robinsonkonzept", mit dem die traditionelle Theorie bei ihren Verhaltenshypothesen arbeitet: Sie nimmt im Falle des Konsumentenverhaltens an, die Präferenzen jedes Konsumenten hingen nur von seinem eigenen Geschmack und den (objektiven) Eigenschaften der von ihm nachgefragten Güter ab, nicht aber auch von den Käufen und Konsumgewohnheiten anderer Wirtschaftssubjekte. Demgegenüber — so wird argumentiert — sei zu berücksichtigen, daß Konsumentscheidungen wesentlich durch „sozialen Zwang" bestimmt werden, so daß eine „Interdependenz der Präferenzen" bestehe[28/29].

Der Gedanke selbst ist keineswegs neu[30]; er spielte vor allem eine Rolle bei soziologischen Problemen[31] und bei den von vorwiegend soziologischen Fragestellungen ausgehenden Konsumstudien, also z. B. bei Veblen und den von ihm beeinflußten Institutionalisten[32]. Ebenso wurden Interdependenzen für das Gebiet der Welfare Economics als bedeutsam erkannt[33].

In der übrigen wirtschaftstheoretischen Diskussion findet man — wenn man einmal von den frühen Beiträgen Henry Cunynghames und A. C. Pigous absieht, die ohne weiteres Echo blieben[34] — erst

---

[28] Frank H. *Knight*, „Realism and Relevance in the Theory of Demand: Comment", Jl. Pol. Ec., Vol. 54, 1946, S. 174: „Men in society do not choose among goods as a Crusoe might do." — James S. *Duesenberry*, Income, Saving and the Theory of Consumer Behavior, 2. printing, Cambridge, Mass. 1952, S. 19; Theo *Surányi-Unger*, „Individual and Collective Wants", Jl. Pol. Ec., Vol. 56, 1948.

[29] Beziehungen dieser Art bezeichnet man vielfach auch mit einem dem Gebiet der Welfare Economics entlehnten Begriff als „externe Konsumeffekte". Vgl. z. B. J. E. *Meade*, „Mr. Lerner on ,The Economics of Control'", Ec. Jl., Vol. 55, 1945: „There are external economies connected with any individual consumption which beautifies or otherwise improves conditions for others, and external diseconomies with forms of luxurious consumption which people desire only because it is the fashion, so that each consumer would feel the loss less acutely if all restricted their consumption simultaneously." Zum Begriff der „external economies" vgl. z. B. William J. *Baumol*, Welfare Economics and the Theory of the State, London-New York-Toronto 1952, S. 32.

[30] Vgl. J. S. *Duesenberry*, a.a.O., insbes. S. 13 ff.; ferner George J. *Stigler*, „The Development of Utility Theory", Jl. Pol. Ec., Vol. 58, 1950, S. 323 f.

[31] Vgl. H. *Leibenstein*, „Bandwagon, Snob, and Veblen Effects in the Theory of Consumers' Demand", QJE, Vol. 64, 1950 und die dort zitierte Literatur.

[32] Vgl. hierzu die in der Einleitung (S. 16) angegebene Literatur.

[33] Vgl. ebenfalls H. *Leibenstein*, a.a.O.; außerdem z. B. A. C. *Pigou*, The Economics of Welfare, 3. ed., London 1929, insbes. S. 192 ff., 277 f.; William J. *Baumol*, Welfare Economics and the Theory of the State, a.a.O., S. 52 ff.; J. S. *Duesenberry*, a.a.O., S. 93 ff., Murray C. *Kemp*, „The Efficiency of Competition II: External Economies of Consumption", The Canadian Journal of Economics and Political Science Vol. 21, 1955.

[34] H. *Cunynghame*, „Some Improvements in Simple Geometrical Methods of Treating Exchange Value, Monopoly, and Rent", Ec. Jl., Vol. 2, 1892; A. C. *Pigou*, „Some Remarks on Utility", Ec. Jl., Vol. 13, 1903; ders., „The

seit kurzem eine eingehendere Behandlung der mit der Interdependenz individueller Konsum- und Nachfrageentscheidungen zusammenhängenden Probleme: Oskar Morgenstern verwies auf die Schwierigkeit der Konstruktion einer Gesamtnachfragefunktion aus individuellen Nachfragefunktionen, die nicht unabhängig voneinander sind[35]. James Duesenberry erklärte die Gestalt der langfristigen Konsumfunktion — die Konstanz von Konsum- und Sparquote — mit der Wirksamkeit sozialer Einflüsse auf den individuellen Lebensstandard[36]. Im Zusammenhang damit diskutierte er außerdem die Bedeutung einer Einkommensredistribution für die Höhe des Gesamtkonsums, ein Problem, das dann von mehreren Autoren aufgegriffen wurde[37].

Unsere Frage ist nun, welche Probleme sich aus der Einbeziehung der Interdependenz individueller Präferenzen für die Theorie des Konsumentenverhaltens ergeben und welche Art der Analyse — statische oder dynamische — ihnen am angemessensten ist. Hier wie im vorigen Kapitel liegt uns daran, herauszuarbeiten, daß nur eine dynamische Untersuchung einen sinnvollen Ansatz liefert.

Von der herkömmlichen Theorie des Konsumentenverhaltens aus scheint zunächst nichts gegen die Berücksichtigung sozialer Einflüsse und Interdependenzen zu sprechen. Einmal deshalb, weil die Theorie statisch ist und nur die Gleichgewichtsposition eines einzelnen Konsumenten beschreiben will. Wie dessen Präferenzen zustandegekommen sind, ist seiner Nutzenfunktion nicht anzusehen und interessiert in diesem Zusammenhang auch gar nicht. Die Bedarfsstruktur kann also durchaus von sozialen Erwägungen mitbestimmt sein und somit Interdependenzen implizit enthalten[38].

Aus demselben Grund wird ein anderer etwaiger Einwand hinfällig: Verstößt nicht die Berücksichtigung von Interdependenzen gegen das Konzept des homo oeconomicus, von dem angenommen wird, daß er Güter wegen ihrer sachlichen Zweckmäßigkeit nachfrage und nicht

---

Interdependence of Different Sources of Demand and Supply in a Market", Ec. Jl., Vol. 23, 1913.

[35] Oskar *Morgenstern*, „Demand Theory Reconsidered", QJE, Vol. 62, 1948.
[36] J. S. *Duesenberry*, a.a.O.
[37] J. S. *Duesenberry*, a.a.O., p. 44 f.; Harry G. *Johnson*, „A Note on the Effect of Income Redistribution on Aggregate Consumption with Interdependent Consumer Preferences", Economica N. S., Vol. 18, 1951; ders., „The Effects of Income-Redistribution on Aggregate Consumption with Interdependence of Consumers' Preferences", Economica N. S., Vol. 19, 1952; S. F. *James* and W. *Beckerman*, „Interdependence of Consumer Preferences and the Theory of Income Redistribution", Ec. Jl., Vol. 63, 1953.
[38] Herman *Wold*, Demand Analysis, a.a.O., S. 125/126: „... since the approach ist static the theory need not consider how the preferences have arisen. Specifically, the theory remains valid whether we assume that the consumers influence each other or whether they are independent in forming their behaviour patterns ..."

wegen des mit ihrem Besitz oder Konsum verbundenen sozialen Prestiges?

Hier wie oben gilt jedoch, daß die Theorie nur voraussetzt, der Konsument handle im Hinblick auf sein einmal existierendes Präferenzsystem rational, nicht, dieses selbst sei vernünftig in irgendeinem Sinne. Aber man könnte im Fall der Interdependenzen sogar folgendes zugestehen: In einer Gesellschaft, in der Mode, sozialer Zwang oder soziales Prestige eine Rolle spielen, ist die Maximierung des Prestiges oder auch nur die Einkalkulierung sozialer Einflüsse für den einzelnen zumindest naheliegend und in dieser Weise vollkommen rational[39].

Wenn somit offenbar die Theorie des Konsumentenverhaltens die Einbeziehung sozialer Interdependenzen nicht ausschließt, so berücksichtigen ihre Hypothesen sie doch nicht explizit. Man müßte deshalb in dieser Richtung weiterargumentieren. Wenn nämlich gesagt wird, der wichtigste Effekt der Interdependenzen bestehe darin, daß durch sie die individuellen Präferenzsysteme geändert würden, so ist, um die Art dieses Einflusses genauer analysieren zu können, seine explizite Einführung in die Gleichungen des jeweiligen ökonomischen Modells unumgänglich. Dabei ist zweierlei zu unterscheiden: Bei mikroökonomischer Betrachtung und bei Bestimmung der Gleichgewichtsposition eines einzelnen Konsumenten wird der soziale Einfluß die Rolle eines exogen bestimmten Datums, d. h. eines Parameters spielen, ähnlich den Preisen. Bei der Untersuchung eines gesamtwirtschaftlichen Gleichgewichts dagegen werden die individuellen Parameter zu Variablen des Systems. Für beide Fälle aber ist zunächst zu überlegen, in welcher *Form* Interdependenzen explizit berücksichtigt werden könnten, und daran anschließend, welche *Art der Analyse* der Problemstellung am angemessensten ist.

2. Formen der Interdependenzen

Die ersten Schwierigkeiten ergeben sich bereits bei dem Versuch, soziale Einflüsse explizit in die Wirtschaftstheorie einzuführen, denn man braucht dazu Verhaltenshypothesen soziologischer oder sozialpsychologischer Art. Die damit verbundenen Probleme resultieren einmal aus der Vielfalt der Möglichkeiten, zum anderen daraus, daß man die sozialen Einflüsse so definieren und die Hypothesen über ihre Wirkung so formulieren muß, daß sie in die funktionalen Beziehungen ökonomischer Modelle eingeführt werden können. Es gibt aber bisher nur wenig ausgearbeitete soziologische Theorien, die mit

---

[39] Über die Beziehungen zwischen Einkommenshöhe, Konsumstandards und sozialem Prestige vgl. z. B. James S. *Duesenberry*, a.a.O., S. 28 ff.

einem funktionalen Ansatz arbeiten und deshalb direkt auf wirtschaftstheoretische Modelle zu übertragen wären[40].

Man findet daher bei der wirtschaftstheoretischen Behandlung des Interdependenzproblems bisher eine ganze Reihe verschiedener Hypothesen, von denen hier nur einige aufgezählt seien:

(1) Die Konsumenten einer bestimmten sozialen Gruppe richten sich grundsätzlich nur nach dem Konsum der in der sozialen Struktur über ihnen stehenden Gruppe oder, analog, nur nach dem Konsum der unter ihnen stehenden Gruppe. („Keeping up with the Joneses" oder „Keeping ahead of the Smiths"[41].)

(2) Die Konsumenten jeder Gruppe werden von den Konsumgewohnheiten mehrerer anderer Gruppen beeinflußt — möglicherweise nicht in gleichem Maße und so, daß sich jeweils nur der von der Gruppe mit dem stärksten Einfluß ausgehende Impuls durchsetzt[42].

(3) Die Konsumenten einer bestimmten Gruppe reagieren auf Konsumänderungen der sie beeinflussenden Gruppen nur dann, wenn diese Änderungen eine bestimmte Größe übersteigen[43].

(4) Die Konsumenten einer Gruppe reagieren auf Änderungen der Konsumgewohnheiten anderer unterschiedlich, je nachdem, welche Gütergruppe davon betroffen wird[44].

Man sieht aus dieser Aufzählung bereits, daß sich die Hypothesen beliebig kombinieren und komplizieren lassen, ohne daß eine davon weniger plausibel erschiene als die andere. Entsprechend unterschiedlich sind natürlich auch die Ergebnisse, die sich daraus ableiten lassen. Andererseits aber braucht man so detaillierte Hypothesen, um über die Art der Wirkung von Interdependenzen auf die individuellen Nachfragedispositionen etwas aussagen zu können. Für uns jedoch wäre es wenig sinnvoll, alle bisherigen Modelle im einzelnen darzustellen.

---

[40] Beispielsweise wird in den Arbeiten Nicholas *Rashevskys* soziales Verhalten unter verschiedenen Aspekten modellmäßig durch Funktionen dargestellt. Vgl. etwa Mathematical Theory of Human Relations, Bloomington, Ind. 1947; „Two Models: Imitative Behavior and Distribution of Status", in Mathematical Thinking in the Social Sciences, P. F. *Lazarsfeld*, Ed., Glencoe, Ill. 1954. Ähnlich ist vielleicht auch der Versuch Perrouxs zu interpretieren, die Beeinflussung individueller Wirtschaftspläne durch Wirtschaftspläne anderer in die theoretische Analyse einzubeziehen. Vgl. Francois *Perroux*, „Les macrodécisions et la théorie des choix", ZfN, Bd. 12, 1949; ders., „The Domination Effect and Modern Economic Theory", Social Research, Vol. 17, 1950.
[41] H. G. *Johnson*, „A Note on the Effect of Income Redistribution on Aggregate Consumption with Interdependent Consumer Preferences", a.a.O., S. 296 f.
[42] S. F. *James* and W. *Beckerman*, a.a.O.
[43] A. C. *Pigou*, „The Interdependence of Different Sources of Demand and Supply in a Market", a.a.O., S. 20.
[44] H. G. *Johnson*, „The Effects of Income Redistribution on Aggregate Consumption with Interdependence of Consumers' Preferences", a.a.O., S. 132.

Wir werden sie nur im Hinblick auf die Frage betrachten, wie soziale Einflüsse auf individuelle Präferenzen methodisch am angemessensten zu analysieren wären. Zuvor wollen wir uns aber noch ganz allgemein über die hierbei auftretenden Probleme klarzuwerden versuchen.

3. Interdependenzen und statische Theorie

Angenommen, wir hätten irgendeine Hypothese über die Art sozialer Einflüsse und damit über die Größen, nach denen sich der einzelne Konsument bei seinen Kaufentscheidungen richten will. Das genügt aber noch nicht: Wir brauchen zusätzlich zu jeder solchen Hypothese eine Aussage darüber, ob und inwieweit dem individuellen Konsumenten der ihn interessierende Konsum anderer tatsächlich bekannt ist. Danach nämlich bestimmen sich die methodischen Möglichkeiten für unsere Analyse.

Betrachten wir beispielsweise zwei Wirtschaftssubjekte (oder Gruppen), deren individueller Konsum c_1 und c_2 außer von ihrem eigenen Einkommen y_1 bzw. y_2 auch vom Konsum des anderen bestimmt wird, so daß etwa

$$c_1 = a_1 y_1 + b_1 c_2$$
$$c_2 = a_2 y_2 + b_2 c_1.$$

Wenn jeder Konsument den Konsum des anderen kennt, so betrachtet er ihn in seiner eigenen Konsumfunktion als Parameter, dem er sich anpaßt. Unter den üblichen Voraussetzungen über Konsistenz und Eindeutigkeit unseres Gleichungssystems und unter der Bedingung, daß eine ökonomisch sinnvolle Lösung existiert, können wir bei gegebenen Einkommen aus den beiden Gleichungen dann den Gesamtkonsum $(c_1 + c_2)$ bestimmen[45].

In diesem Falle befinden sich die beiden Konsumenten im Gleichgewicht. Die so beschriebene Situation ist aber nur ein Spezialfall, denn normalerweise wird man nicht annehmen können, daß die Konsumenten eine so weitgehende Kenntnis voneinander haben. Daher wird c_2 in der Gleichung für den ersten Konsumenten ebenso wie c_1 in der Gleichung für den zweiten Konsumenten ein Erwartungswert sein, der mit dem tatsächlichen c_1 bzw. c_2 nicht übereinzustimmen braucht. Handeln die Konsumenten im Hinblick auf die Erwartungswerte c_1^* und c_2^*, so ist zunächst der Gesamtkonsum außer von den Einkommen auch eine Funktion dieser beiden Parameter:

---

[45] $C = c_1 + c_2 = \dfrac{a_1(1+b_2)}{1-b_1 b_2} y_1 + \dfrac{a_2(1+b_1)}{1-b_1 b_2} y_2$; wobei vorauszusetzen ist, daß $b_1 b_2 \neq 1$ ist.

$$c_1 + c_2 = a_1 y_1 + a_2 y_2 + (b_1 c_2^* + b_2 c_1^*) =$$
$$= f(y_1, y_2; c_1^*, c_2^*).$$

Wir haben es jetzt für die beiden Konsumenten im allgemeinen nicht mehr mit einer Gleichgewichtssituation zu tun, denn wenn einer von ihnen sich über den Konsum des anderen getäuscht hat, wird er dazu veranlaßt werden, seine eigenen Konsumdispositionen zu ändern, und es wird sich ein wechselseitiger Anpassungsprozeß entwickeln[46].

Man erkennt hierin ganz deutlich die Parallelität zum Duopol- oder allgemeiner zum Oligopolproblem. Hier wie dort ergibt sich die gleiche Schwierigkeit, wechselseitige Anpassungen der einzelnen Wirtschaftssubjekte an die sich ändernden Dispositionen anderer Wirtschaftssubjekte zu beschreiben. Es läge deshalb nahe, ebenso wie bei der Behandlung des Oligopols auch im Falle der Interdependenzen individueller Konsumentscheidungen die Spieltheorie zu Hilfe zu nehmen. Die Analogie zu einer spieltheoretischen Situation zeigt sich besonders klar, wenn wir von der Hypothese der Nutzenmaximierung aus argumentieren: Als Ausdruck für die wechselseitige Abhängigkeit der individuellen Präferenzen enthalten die Nutzenfunktionen jetzt auch etwa die jeweils von anderen Konsumenten nachgefragten Gütermengen. Sind diese nicht als dem Konsumenten bekannte Parameter fest gegeben, so versucht der Konsument, seinen Nutzen zu maximieren, ohne über dessen Bestimmungsfaktoren allein entscheiden zu können. So interpretiert ist rationales Verhalten nicht durch gewöhnliche Maximierungsbedingungen zu beschreiben, da der Maßstab für diese Art der Rationalität fehlt. Eine solche Situation entspricht genau dem Ansatz der Spieltheorie[47].

Wenn sich auch logisch das Problem der Interdependenzen auf diese Weise bewältigen ließe, so kann man beim derzeitigen Stand der Spieltheorie jedoch noch keine allgemeine Lösung dafür angeben. Außerdem läge uns daran, die durch die Interdependenzen bewirkte Änderung der individuellen Präferenzen und damit bei unvollständiger Information den wechselseitigen Anpassungsprozeß selbst genauer zu verfolgen. Dabei kommt man mit einer statischen Argumentation nicht weiter, sondern braucht eine dynamische Analyse. Das ist ein weiterer Grund für die Unzweckmäßigkeit der Spieltheorie, denn sie ist statisch, wenn sie sich auch in gewissem Umfang dynamisch interpretieren läßt.

---

[46] Vgl. hierzu z. B. die Ausführungen *Leibensteins*, a.a.O., S. 191 ff.

[47] John *von Neumann* and Oskar *Morgenstern*, Theory of Games and Economic Behavior, 2. ed., a.a.O.; vgl. auch J. C. C. *McKinsey*, Introduction to the Theory of Games, New York-Toronto-London 1952.

Bevor wir auf mögliche dynamische Ansätze eingehen, wollen wir kurz darstellen, wie man in der bisherigen Literatur mit den angeführten Problemen fertig zu werden versucht. Dabei zeigt sich, daß fast alle Beiträge geeignete Annahmen über die Kenntnis der relevanten Parameter und/oder über die Existenz eines Gleichgewichts machen und die Beschreibung des Anpassungsprozesses dadurch umgehen, daß sie sich auf eine statische bzw. komparativ-statische Analyse beschränken.

4. Die Behandlung des Interdependenzproblems in der Literatur

In Duesenberrys Analyse wird die Interdependenz der Präferenzen dadurch ausgedrückt, daß in die individuellen Nutzenfunktionen ein gewogener Mittelwert der laufenden Konsumausgaben anderer Konsumenten einbezogen wird[48]:

$$U_i = f_i (C_{i1}/R_i, \ldots, C_{in}/R_i, A_{i1}/R_i, \ldots, A_{in}/R_i),$$

mit $R_i = \Sigma \alpha_{ij} C_j$; die Gewichte α_{ij} entsprechen dem Einfluß, der vom Konsum des Konsumenten j auf den des Konsumenten i ausgeübt wird. Jeder Konsument mißt also seine laufenden und zukünftigen Konsumausgaben an den gegenwärtigen Ausgaben anderer Konsumenten. Deren Höhe ist ihm bekannt, denn die C_j werden als „objektiv gegeben" angenommen und die Werte von R_i daher als Parameter betrachtet[49].

Duesenberry untersucht die Bedeutung der Interdependenzen in erster Linie für langfristige Konsumänderungen bei proportionaler Änderung aller Einkommen und Vermögenswerte. Es kommt ihm dabei aber nur auf den Vergleich zweier Gleichgewichtssituationen an, so daß er sich auf eine komparativ-statische Analyse beschränken kann und sich nicht um den eigentlichen Prozeß der Anpassung zu kümmern braucht[50].

Clower[51] geht von individuellen Nutzenfunktionen der Form

$$U = f(x_1, x_2, \ldots, x_n; {}_1E_1, \ldots, {}_mE_n)$$

aus, in der die $_kE_j$ die Ausgaben des k-ten Konsumenten für das Gut j sind. Sie werden ebenfalls als dem einzelnen Konsumenten bekannte

---

[48] James S. *Duesenberry*, a.a.O., S. 34. Hierin sind: U_i = Nutzenindex des i-ten Konsumenten, C_{ik} = Konsumausgaben des i-ten Konsumenten im Zeitabschnitt k, A_{ik} = Vermögenswerte des i-ten Konsumenten im Zeitabschnitt k.
[49] James S. *Duesenberry*, a.a.O., S. 35.
[50] James S. *Duesenberry*, a.a.O., S. 36 f.
[51] Robert W. *Clower*, „Professor Duesenberry and Traditional Theory", Rev. of Ec. Stud. Vol. 19, 1951/52, S. 166; vgl. auch Robert W. *Clower*, „The Analogy between Ordinary and Relative Preference Analysis", Rev. of Ec. and Stat. Vol. 35, 1953.

Größen angenommen — vollkommene Information —, und er paßt sich in seinen Konsumentscheidungen lediglich an. Somit besteht auch hier keine Notwendigkeit eines spieltheoretischen Ansatzes. Gegenüber der traditionellen Analyse ergibt sich nur insofern ein Unterschied, als die Gleichgewichtswerte der nachgefragten Gütermengen auch von Änderungen in den Ausgaben anderer Konsumenten beeinflußt werden. Welcher Art diese Wirkungen auf die Nachfrage nach den verschiedenen Gütern im einzelnen sind, läßt sich jedoch nicht ohne weitere spezielle Hypothesen über Größe und Richtung der Interdependenzeffekte sagen[52]. Wenn Clower schließlich von der einzelwirtschaftlichen Analyse übergeht zur Betrachtung der Gesamtheit aller Konsumenten, so nimmt er an, daß das Gleichungssystem konsistent sei und eine eindeutige Lösung besitze[53]. Die Analyse bleibt statisch bzw. komparativ-statisch, und über einen etwaigen Anpassungsprozeß werden keine Angaben gemacht.

Auch die Analyse Johnsons[54] bietet wenig Neues, da sie ebenfalls impliziert, jeder Konsument habe über die ihn interessierenden Variablen — hier die gesamten Konsumausgaben jedes der übrigen Konsumenten — völlige Gewißheit. Um die Wirkung von Einkommensänderungen komparativ-statisch analysieren zu können, wird eine Stabilitätsbedingung postuliert, die sicherstellt, daß die von Einkommensänderungen induzierten Konsumänderungen auch bei Existenz von Interdependenzen zu einem neuen Gleichgewicht führen[55].

Wie man sich die Entwicklung von einem Gleichgewichtszustand zu einem anderen vorzustellen hätte, wird nur von Leibenstein genauer beschrieben, dessen Analyse sich aber sonst wenig von den anderen angeführten Arbeiten unterscheidet, denn von der „zeitlichen Auf-

---

[52] Clower nimmt nur an, daß Änderungen in den Ausgaben anderer Konsumenten weder die Preise noch die Gesamtausgaben des betrachteten Konsumenten beeinflussen. Hieraus läßt sich folgern, daß der Interdependenzeffekt nicht für alle Güter das gleiche Vorzeichen haben kann. Vgl. Robert W. *Clower*, a.a.O., S. 170.

[53] Robert W. *Clower*, a.a.O., S. 175.

[54] Harry G. *Johnson*, „The Effect of Income-Redistribution on Aggregate Consumption with Interdependence of Consumers' Preferences", a.a.O., Die individuellen Konsumfunktionen haben die Form
$$C_i = F_i(Y_i, C_1 \ldots, C_j \ldots, C_n); i = 1, 2, \ldots, n; i \neq j,$$
(a.a.O., S. 132).

[55] Wenn z. B. angenommen wird, jeder Konsument reagiere auf Änderungen jedes beliebigen anderen Konsumenten in der gleichen Richtung, also auf Ausgabenerhöhung ebenfalls mit Ausgabenerhöhung, so besagt die Stabilitätsbedingung folgendes: Ändert sich der Konsum aller Wirtschaftssubjekte außer dem betrachteten insgesamt um eine Einheit und bleibt das Einkommen des betrachteten Konsumenten konstant, so ändert dieser seinen Konsum um weniger als eine Einheit. Vgl. Harry G. *Johnson*, a.a.O., S. 133 f.

einanderfolge der Geschehnisse" wird auch hier abstrahiert[56]. Leibenstein befaßt sich mit der Nachfrage nach einem einzelnen Gut und diskutiert verschiedene Formen der Interdependenzen. Als wichtig wird dabei die Notwendigkeit einer Annahme über den Grad der Information anerkannt. Sie besagt bei Leibenstein: Im Gleichgewicht kennt jeder Konsument die von einzelnen oder von allen anderen Konsumenten insgesamt bei jedem Preis nachgefragte Menge des betreffenden Gutes[57]. Die Existenz eines Gleichgewichts wird durch das sogenannte „Prinzip des abnehmenden marginalen externen Konsumeffekts" garantiert: Von einem bestimmten Punkt an werden die Konsumenten, die sich jeweils an die Nachfragedispositionen anderer Konsumenten anpassen, nicht mehr auf Änderungen der Nachfragemengen anderer Wirtschaftssubjekte reagieren. Wenn das für alle Konsumenten der Fall ist, herrscht Gleichgewicht, und man erhält eine eindeutige Gesamtnachfragefunktion[58].

5. Dynamische Ansätze

Allen bisher betrachteten Modellen ist zweierlei gemeinsam: Einmal die Voraussetzung, daß jeder Konsument vollständig über die Werte der ihn interessierenden Variablen — über den Konsum anderer Wirtschaftssubjekte — orientiert ist. Zum anderen Hinzunahme von Bedingungen, die bewirken, daß es bei Störungen einer Gleichgewichtssituation zu einem neuen Gleichgewicht kommt. Was interessiert, ist nur die neue Gleichgewichtsposition, und die beiden genannten Annahmen erlauben, von einer sofortigen und vollständigen Anpassung an dieses neue Gleichgewicht auszugehen.

Es wird dabei nicht berücksichtigt, daß die Interdependenzeffekte sich im Zeitverlauf auswirken. Denn es wäre unrealistisch, anzunehmen, die Konsumenten seien sofort und alle gleichzeitig über den Konsum anderer informiert, so daß sich augenblicklich die Gesamtwirkung der Interdependenzen auf Konsum und Nachfrage einstellen würde. Allein mit den bisher gemachten Hypothesen aber ist es nicht möglich, die durch Interdependenzen im Zeitverlauf bewirkte Änderung der individuellen Präferenzen zu verfolgen und für jeden Zeitpunkt die jeweilige Größe der Nachfrage anzugeben. Da gerade das sowohl für eine dynamische Theorie des Konsumentenverhaltens als auch für eine dynamische Konsumfunktion wichtig wäre, erscheint es sinnvoller, von Anfang an mit einem den Zeitverlauf berücksichtigenden Ansatz zu arbeiten und etwa folgende Hypothese einzuführen:

---

[56] H. *Leibenstein*, „Bandwagon, Snob, and Veblen Effects in the Theory of Consumers' Demand", a.a.O., S. 188.
[57] H. *Leibenstein*, a.a.O., S. 190.
[58] H. *Leibenstein*, a.a.O., S. 192.

Jeder Konsument richtet sich nicht nach den im gleichen Zeitabschnitt getätigten Käufen anderer Konsumenten, sondern nach denen der Vorperiode; er reagiert mit einer gewissen Verzögerung.

Zunächst ist diese Hypothese nichts weiter als eine der vielen Möglichkeiten, wie sich Interdependenz äußern könnte. Methodisch hat sie gegenüber den bisherigen jedoch einmal den Vorteil, daß es nur auf diese Weise möglich wird, den zeitlichen Verlauf der Reaktionen zu erfassen. Gleichzeitig kann mit dem Konzept einer verzögerten Reaktion auch die erst im Laufe der Zeit für den einzelnen Konsumenten verfügbar werdende Information einbezogen werden, und es ist nicht mehr nötig, mit der Vorstellung sofortiger vollständiger Information aller Konsumenten zu arbeiten.

In der bisherigen Literatur verwenden James und Beckerman eine solche Hypothese[59]. Sie nehmen an, daß der Konsum jedes Wirtschaftssubjekts einer bestimmten Einkommensgruppe außer von seinem Einkommen vom Konsum der beiden benachbarten Einkommensgruppen in der vorangegangenen Periode beeinflußt wird. Es soll damit zum Ausdruck gebracht werden, daß die Auswirkung des Interdependenzeffekts durch sämtliche Einkommensgruppen ein relativ langsamer Prozeß ist[60].

Auch Duesenberrys Ausführungen lassen eine ähnliche Interpretation zu, da nach seinen eigenen Worten der Interdependenzeffekt auf den tatsächlichen („actual") Käufen anderer Konsumenten beruht[61]. Das legt eine Periodenanalyse und die Einbeziehung verzögerter Reaktionen nahe. Jedoch bezieht sich die nachfolgende Argumentation auf eine langfristige Entwicklung, bei der das Einkommen nur langsam und stetig wächst, während demgegenüber die Anpassung des Konsums an das veränderte Einkommen relativ schnell erfolgt. In diesem Falle ist es gerechtfertigt, zeitliche Verzögerungen zu vernachlässigen[62].

Nur für einen Spezialfall, nämlich den der Nachfrage nach neuen Gütern und ihrer zeitlichen Entwicklung geht Duesenberry auf zeitliche Verzögerungen ein. Es wird angenommen, daß die individuelle Präferenz für das neue Gut von den in der vergangenen Periode verkauften Mengen dieses Gutes abhängt. Die zeitlich verzögerten

---

[59] S. F. James and W. Beckerman, a.a.O.
[60] Auch hier wird eine Stabilitätsbedingung als erfüllt angenommen, so daß der Gesamtprozeß konvergiert. Das Ergebnis selbst interessiert uns jedoch weniger, denn es lassen sich eine Vielzahl von Resultaten konstruieren, je nachdem, bei welcher Gruppe die anfängliche Konsumänderung erfolgt und wie die Reaktionskoeffizienten der anderen Gruppen im einzelnen aussehen.
[61] James S. Duesenberry, a.a.O., S. 13.
[62] James S. Duesenberry, a.a.O., S. 37.

Verschiebungen in den individuellen Präferenzen auf Grund dieser Form der Interdependenz dienen hier dazu, eine induzierte Steigerung der Nachfrage im Zeitverlauf zu erklären[63].

6. Prinzipielle Schwierigkeiten bei der Isolierung von Interdependenzphänomenen

An Hand der bisherigen Diskussion wollen wir nun abschließend ein Urteil über die wirtschaftstheoretische Behandlung von Interdependenzphänomenen zu gewinnen versuchen.

Es ist klar, daß für eine dynamische Theorie, die das Konsumentenverhalten im Zeitverlauf erklären und seine Bestimmungsfaktoren beschreiben soll, auch die Interdependenzeffekte unter zeitlichen Aspekten analysiert werden müßten. Nur eine solche Untersuchung könnte überhaupt die induzierten Änderungen der Konsumentenentscheidungen und die daraus resultierenden Entwicklungsprozesse erfassen.

Mit dieser Erkenntnis ist aber noch nicht die Frage entschieden, wie und in welcher Form die Interdependenzen berücksichtigt werden könnten. Die a priori als plausibel erscheinenden Hypothesen sind, wie wir gesehen haben, äußerst vielfältig. Wir hätten es einfacher, wenn wir für unsere ökonomischen Modelle auf eine einheitliche soziologische Theorie über Gruppenbeziehungen im Hinblick auf Konsum- und Spargewohnheiten zurückgreifen könnten. Da das nicht der Fall ist, bliebe nur der Ausweg, jede einzelne der bisherigen Hypothesen empirisch zu testen. Dabei wird man feststellen müssen, daß das auf erhebliche Schwierigkeiten schon deshalb stößt, weil im Zeitverlauf die Wirkungen der Interdependenzen sehr schwer von den Wirkungen anderer Faktoren zu isolieren sein werden, denn andere für die Konsumentscheidungen relevante Größen bleiben im Laufe der Zeit ebenfalls nicht konstant. Insbesondere gilt das für Einkommensänderungen, die unter Umständen gerade durch die auf Interdependenzeffekten beruhenden Änderungen des Gesamtkonsums induziert werden. Sie komplizieren bereits eine modellmäßige Analyse, dürften es aber nahezu unmöglich machen, „reine" Interdependenzeffekte eventuell experimentell festzustellen.

Und noch auf ein anderes Problem ist in diesem Zusammenhang hinzuweisen. Eine wichtige Rolle spielt ja die Information über die Konsumgewohnheiten anderer Konsumenten oder Konsumentengruppen[64]. Bei genauerer Betrachtung nun zeigt sich, daß für diese Information zu einem großen Teil die Werbung, also die Angebotsseite

---

[63] James S. *Duesenberry*, a.a.O., S. 105 ff.
[64] Vgl. hierzu insbes. Eberhard *Fels*, Zur Theorie und Messung nichtadditiver Nachfragefunktionen, Diss., München 1953, vor allem S. 68 und S. 76 f.

verantwortlich ist[65]. Das hilft uns zwar für empirische Untersuchungen nicht viel weiter, denn die Analyse von Werbewirkungen ist ein mindestens ebenso komplexes Gebiet wie die von Interdependenzeffekten. Es hat höchstens den methodischen Vorteil, bei einer theoretischen Betrachtung des gesamten Konsumsektors soziale Einflüsse nicht als Variable, sondern als Parameter behandeln und ihre Wirkungen als Datenänderungen analysieren zu können[66]. Aber wir könnten weiterhin noch daraus folgern, daß es sich bei den vermeintlichen Interdependenzen zu einem großen Teil um die Ausrichtung des individuellen Konsumenten an einem bestimmten „idealen" Lebensstandard handelt, der gar nicht unbedingt den vom Konsumenten beobachteten aktuellen Käufen einer spezifischen sozialen Gruppe entspricht[67].

Unter diesen Aspekten wird man sich deshalb wohl weitgehend den Ergebnissen Fels' anschließen können, daß es weder zweckmäßig noch unbedingt notwendig sei, das Interdependenzphänomen überhaupt explizit zu berücksichtigen[68].

7. Interdependenzen und Konsumfunktion

Was das wirtschaftstheoretische Interesse an diesem ganzen Problemkreis vorwiegend angeregt hat, war der Beitrag Duesenberrys. Er versuchte, mit Hilfe einer die Interdepenzen einbeziehenden Hypothese sowohl die langfristige Konstanz der Sparquote wie ihre kurzfristige Inkonstanz zu erklären. Natürlich war es dazu erforderlich, eine spezielle Annahme über die Form dieser Interdependenzen zu machen. Duesenberry nimmt bekanntlich an, daß der individuelle Konsument seine Ausgaben in ihrer Relation zu einem gewogenen Durchschnitt der Ausgaben anderer Konsumenten betrachte[69/70]. Die individuellen

---

[65] W. J. *Baumol*, Welfare Economics and the Theory of the State, a.a.O., S. 89; ferner Harry G. *Johnson*, „The Effect of Income-Redistribution on Aggregate Consumption with Interdependence of Consumers' Preferences", a.a.O., S. 41.

[66] Zur theoretischen Analyse von Werbewirkungen vgl. etwa R. L. *Basmann*, „A Theory of Demand with Variable Consumer Preferences", Econometrica, Vol. 24, 1956.

[67] Diese Ansicht wurde vor allem von Turvey betont. Vgl. Ralph *Turvey*, „Review of J. S. Duesenberry, Income, Saving, and the Theory of Consumer Behavior", Economica N. S., Vol. 17, 1950, S. 453.

[68] E. *Fels*, a.a.O., S. 78: „Die Unterscheidung zwischen von inhärenten Qualitäten induzierten und von fremdem Verhalten induzierten Motiven ist definitorisch nicht problemfrei und operationell wahrscheinlich nicht zu halten. Das nicht ausdrückliche Berücksichtigen der externen Konsumeffekte ... ist kein ernstes Versäumnis gewesen. Die definitorische Unterscheidung und Eigenständigkeit von Bandwagon- und Snob-Effekten steht und fällt mit weitgehenden Annahmen über das individuelle Informationsbedürfnis und Informationsbeschaffungs- und -verarbeitungsvermögen."

[69] Vgl. oben S. 45.

[70] Diese Hypothese führt zu der weiteren Aussage, daß für die individuelle

Konsumfunktionen haben unter Berücksichtigung dieser Interdependenz die Form

$$\frac{C_i}{R_i} = f\left(\frac{Y_{i1}}{R_i}, \ldots, \frac{Y_{in}}{R_i}, \frac{A_i}{R_i}, r_1, \ldots, r_n\right),$$

worin wieder Y_i die erwarteten Einkommen, A_i die gegenwärtigen Vermögenswerte und $r_1, \ldots, r_n$ die Zinssätze sind, während R_i der gewogene Durchschnitt der Konsumausgaben aller übrigen Konsumenten ist[71].

Hieraus läßt sich die empirisch festgestellte langfristige Konstanz der Sparquote theoretisch ableiten, denn die obige Form der Konsumfunktion bedeutet, daß bei einer proportionalen Steigerung aller Einkommen und Vermögenswerte die Konsumausgaben der Wirtschaftssubjekte in gleichem Maße steigen. Der Konsum ist somit dem Einkommen proportional, und die Sparquote ist unabhängig von der absoluten Höhe des Einkommens. Begründet wird dieses Ergebnis mit der Interdependenz individueller Präferenzen: Steige das individuelle Einkommen, so sei anzunehmen, daß der individuelle Konsum sich zwar ebenfalls erhöhe, aber nicht im gleichen Maße wie das Einkommen. Bei einer allgemeinen Einkommenssteigerung im Verlauf des langfristigen wirtschaftlichen Wachstums nun würden alle Konsumenten ihren Konsum erhöhen, so daß sich der einzelne Konsument in der gleichen relativen Position sähe wie vorher, da er seine Konsumausgaben an denen der anderen messe. Das veranlasse ihn, seinen Konsum weiter zu erhöhen, und da das wiederum für alle gelte, sei ein neues Gleichgewicht erst erreicht, wenn alle Konsumenten ihre Konsumausgaben proportional zum Einkommen erhöht hätten.

Die hier angenommene spezielle Form der Interdependenzen wurde natürlich, obwohl Duesenberry ihre Einseitigkeit selbst zugibt[72], entsprechend kritisiert. Clower beispielsweise hält sie deshalb für ungerechtfertigt, da sie bedeute, daß sämtliche Güter ohne Ausnahme nur aus konventionellen Gründen nachgefragt würden und daß außerdem

---

Konsumquote nicht die absolute Höhe des individuellen Einkommens, sondern in erster Linie seine Relation zu anderen Einkommen und damit die Stellung des Konsumenten in der Einkommenspyramide maßgebend ist. Die Argumentation ist kurz folgende: Der Konsument betrachtet seine Ausgaben im Verhältnis zu den Ausgaben derjenigen Konsumenten, mit denen er hauptsächlich Kontakt hat, also vorwiegend zu Konsumenten der gleichen sozialen Schicht. In der heutigen Gesellschaft besteht aber eine enge positive Korrelation zwischen sozialer Schicht und Einkommensgruppe und ebenso zwischen Einkommensgruppe und Konsumstandard. Daraus folgt, daß die individuelle Konsumquote von der Position des einzelnen in der Einkommensschichtung abhängig ist. Vgl. *Duesenberry*, a.a.O., S. 28 ff. Ferner: D. S. *Brady* and R. D. *Friedman*, „Savings and the Income Distribution", in Stud. in Inc. and Wealth, Vol. 10, New York 1947.

[71] *Duesenberry*, a.a.O., S. 35 ff.
[72] James S. *Duesenberry*, a.a.O., S. 112 ff.

selbst die Vermögensbestände nur gehalten würden, weil das aus ihnen bezogene Einkommen ebenfalls für diese Art von Gütern ausgegeben werden könnte[73].

Andererseits schien bisher in der Möglichkeit einer theoretischen Erklärung bestimmter empirischer Daten die einzige Rechtfertigung und der einzige Anhaltspunkt für irgendeine spezielle Hypothese über die Form der Interdependenzen zu liegen[74].

Jedoch ist gerade dieses Argument für Duesenberry in letzter Zeit wieder recht zweifelhaft geworden, nachdem man mit andersartigen Hypothesen ohne Einbeziehung von Interdependenzen das empirische Zahlenmaterial über die Höhe der Ersparnisse mindestens ebensogut erklären konnte[75]. Bis jetzt jedenfalls ist die Frage noch völlig offen, in welchem Maße die gegeneinander ins Feld geführten Einflüsse — relatives Einkommen, d. h. die Position des Konsumenten in der Einkommensskala, oder unterschiedliche Vermögensverhältnisse und Kreditmöglichkeiten — jeweils für die Entwicklung der Sparquote im Zeitverlauf verantwortlich gemacht werden können[76].

8. *Folgerungen*

Diese Ergebnisse bestärken nur unseren zuvor gewonnenen Eindruck. Interdependenzen von Präferenzen sind so komplexe Phänomene und die mit ihrem Nachweis verbundenen operationellen Schwierigkeiten so groß, daß es so gut wie unmöglich sein dürfte, ihre Bedeutung besonders für eine zeitliche Entwicklung der Konsumausgaben jemals zu isolieren und zu testen. Deshalb erscheint es ratsam, auf dieses Erklärungsprinzip möglichst ganz oder wenigstens so lange zu verzichten, solange man keinen konkreteren und objektiveren Ausdruck dafür hat als die vom Individuum subjektiv bewerteten Ausgaben anderer Konsumenten.

Wenn allerdings die Einbeziehung von Interdependenzen in irgendeiner Form unumgänglich erscheint, dann dürfte dem Problem der im Zeitverlauf induzierten Änderungen der Präferenzen eine dynamische Analyse am angemessensten sein.

---

[73] Robert W. *Clower*, „Professor Duesenberry and Traditional Theory", a.a.O., S. 175 f.

[74] Vgl. hierzu den Einwand Pigous, daß Duesenberrys Hypothese mit den empirischen Daten stehe und falle: „It is not ... something which is known to us independently of these facts and which would have led us to expect them to be what they are." (A. C. *Pigou*, „Professor Duesenberry on Income and Saving", Ec. Jl., Vol. 61, 1951, S. 885.)

[75] Vgl. James *Tobin*, „Relative Income, Absolute Income, and Saving", in Money, Trade, and Economic Growth, a.a.O.

[76] Vgl. z. B. L. R. *Klein* and H. W. *Mooney*, „Negro-White Savings Differentials and the Consumption Function Problem", Econometrica, Vol. 21, 1953.

4. Kapitel

Methodische Probleme einer dynamischen Theorie des Konsumentenverhaltens

1. Das Rationalprinzip in der dynamischen Wahlhandlungstheorie

Nachdem uns die beiden vorangegangenen Kapitel für spezielle Fragen die Notwendigkeit einer dynamischen Analyse gezeigt haben, wollen wir uns nun wieder der allgemeinen Theorie des Konsumentenverhaltens zuwenden und uns mit der Möglichkeit ihrer Dynamisierung beschäftigen.

Eine dynamische Theorie des Konsumentenverhaltens hätte das Verhalten der Konsumenten im Zeitverlauf zu erklären und brauchte für diese Erklärung sowohl die für Konsumentscheidungen relevanten Variablen als auch die dem Verhalten zugrunde liegenden Prinzipien. Die erste Frage werden wir beiseite lassen und uns nun hier nicht weiter darum kümmern, welche ökonomischen oder außerökonomischen Einflüsse im einzelnen wichtig sein könnten oder bereits analysiert wurden: vergangenes, gegenwärtiges und zukünftiges Einkommen, erwartete Preise, vorhandenes oder gewünschtes Vermögen oder etwa politische Ereignisse. Ihre Bedeutung für die Höhe des Konsums und die Notwendigkeit ihrer Berücksichtigung wären ohnehin nur empirisch abzuschätzen.

Stattdessen wollen wir uns nur für ein einziges Problem interessieren, das sich aus einer Dynamisierung des Rationalprinzips der statischen Theorie ergibt: Was heißt zweckrationales Verhalten im Zeitverlauf, und an welchen Maßstäben kann es sich orientieren[77]?

Wenn wir das Rationalprinzip als Ausgangspunkt unserer Untersuchung wählen, so wollen wir uns nicht mit der Frage auseinandersetzen, wie weit überhaupt angenommen werden kann, der Konsument handle bewußt rational[78]. Wir werden vielmehr im folgenden durchweg unterstellen, der Konsument versuche, rational zu handeln, denn es ergeben sich trotz dieser Vereinfachung bei dynamischer Betrachtung immer noch genügend Probleme.

Im Rahmen einer Wahlhandlungstheorie heißt — wie wir bereits ausgeführt haben — „zweckrational" jedes Verhalten im Einklang mit

---

[77] Wir schließen uns mit dieser Fragestellung Akerman an, der bereits 1931 als Ausgangspunkt einer dynamischen Theorie die Dynamisierung des Konzepts des homo oeconomicus und der Gleichgewichtsidee forderte. Vgl. Johan *Akerman*, „Dynamische Wertprobleme", ZfN, Bd. 2, 1931, S. 601.
[78] Zur Frage des nicht-rationalen Verhaltens vgl. z. B. W. *Reddaway*, „Irrationality in Consumer Demand", Ec. Jl., Vol. 46, 1936; J. *Marchal*, „Essai de révision de la théorie des prix à la lumière des progrès de la psychologie moderne", ZfN, Bd. 12, 1949.

einer bestimmten individuellen Rangordnung alternativer Möglichkeiten[79]. Das setzt dreierlei voraus: Erstens, daß dem Individuum eine Reihe alternativer Handlungsmöglichkeiten offensteht; zweitens Kenntnisse und Informationen über die Konsequenzen jeder Alternative und drittens die Existenz eines Kriteriums, nach dem das Individuum entscheidet, welche der Konsequenzen es gegenüber den anderen vorzieht[80].

Da die statische Theorie vollkommene Information über die Werte aller für das Verhalten des Individuums relevanten Variablen annimmt, ist mit dem Handeln dessen Konsequenz eindeutig bestimmt[81], für jede Handlung des Wirtschaftssubjekts kommt nur ein einziges Ergebnis in Betracht und nicht etwa eine ganze Skala mehr oder weniger wahrscheinlicher Konsequenzen. Deshalb definiert die Bedingung der Nutzenmaximierung eindeutig die Gleichgewichtsposition des Konsumenten. Was aber wäre bei dynamischer Betrachtung unter einem Gleichgewicht des Konsumenten im Zeitverlauf zu verstehen? Welchen Zweck hat in diesem Fall das rationale Verhalten? Maximierung des Nutzens über ein Jahr, über zehn Jahre, bis ans Lebensende? Oder Sicherheitsmaximierung an Stelle von Nutzenmaximierung?

Die Schwierigkeiten ergeben sich aus der zweiten der oben genannten Voraussetzungen: Eine dynamische Theorie muß berücksichtigen, daß sich jede Entscheidung im Zeitverlauf auswirkt und daß ihre Konsequenzen nicht vollkommen übersehbar sind. Die Unvollständigkeit der Kenntnisse und Informationen kann man ebenso wie die für eine Anpassung an die jeweiligen Bedingungen erforderliche Zeit als Begrenzung des rationalen Verhaltens betrachten[82], von deren Existenz eine dynamische Theorie sinnvollerweise nicht abstrahieren sollte. Unvollständige Information heißt in diesem Zusammenhang entweder völlige Unkenntnis von gegenwärtigen und/oder zukünftigen Ereignissen oder auch jede Form teilweiser Unkenntnis, bei der etwa dem Konsumenten nur bekannt ist, zwischen welchen Grenzen die Werte irgendwelcher Variablen möglicherweise liegen. Man muß also zu erklären versuchen, wie die Wirtschaftssubjekte zwischen alternativen Handlungsmöglichkeiten wählen, wenn sie sich in einer solchen Situ-

---

[79] K. J. *Arrow*, „Alternative Approaches to the Theory of Choice in Risk-Taking Situations", Econometrica, Vol. 19, 1951, S. 406.
[80] H. A. *Simon*, „The Construction of Social Science Models", in Mathematical Thinking in the Social Sciences, a.a.O., S. 391.
[81] K. J. *Arrow*, a.a.O., S. 405. Ähnlich auch J. *Akerman*, Das Problem der sozialökonomischen Synthese, Lund 1938, S. 36: „Indem ... die ganze Diskussion auf die Lage in einem ‚Gleichgewichtspunkt' begrenzt (wird), gelingt es ..., die Spannung zwischen Wahlhandlung und deren Wirkung abzuschaffen, wodurch das Problem von der Erkenntnis des Individuums über das rationale Ziel des rationellen Handelns (= Erkenntnis des eigenen Besten) und die Frage nach seiner Fähigkeit, dieses Handeln zu realisieren, einfach fortfällt."
[82] „Boundaries of rationality", H. A. *Simon*, a.a.O., S. 393 und S. 397.

ation der Unsicherheit befinden, in der ihnen die Folgen ihrer Entscheidungen nur unvollständig bekannt sind.

Es sind bisher eine ganze Reihe von Ansätzen für eine Theorie rationalen Verhaltens bei Unsicherheit entwickelt worden, die hier jedoch nicht im einzelnen darzustellen sind[83]. Wichtig für uns ist, daß diese Theorien zweierlei Grundprobleme zu lösen haben: Um die Ergebnisse der möglichen Entscheidungen — es handelt sich in unserem Fall im allgemeinen um Gütermengenkombinationen und Einkommensbeträge — in eine Rangordnung bringen zu können, müssen sie vom Individuum in irgendeiner Weise bewertet werden. Diese Bewertung hängt offenbar vom Grad der Unsicherheit der verschiedenen Ergebnisse ab. Die Theorie hat demnach als erstes den Unsicherheitsgrad jeder möglichen Konsequenz einer bestimmten Entscheidung explizit zu formulieren und zu beschreiben. Außerdem aber muß ein Prinzip gefunden werden, das dem der einfachen Nutzenmaximierung der statischen Theorie entspricht, also ein Prinzip, das definiert, was zweckrationales Verhalten in bezug auf die mit unterschiedlichen Unsicherheitskoeffizienten behafteten Alternativen bedeutet.

Uns interessiert hier zunächst nur das letztere. Es gibt bisher — je nach der Art des theoretischen Ansatzes — verschiedene solcher Verhaltensprinzipien. Die meistgebrauchte Form definiert als zweckrational das Verhalten, das den Erwartungswert[84] einer jeweils näher zu bestimmenden Größe (z. B. des Nutzens) maximiert.

Von diesem Grundprinzip gibt es mehr oder weniger komplizierte Varianten. So legt z. B. Tintner[85] als zweckrationales Verhalten die Maximierung eines „risk preference functional" oder eines „uncertainty preference functional" zugrunde, das die individuellen Bewertungen der mit Wahrscheinlichkeitskoeffizienten versehenen Nutzengrößen beschreibt[86]. Demgegenüber hat bei Wald das Prinzip zweckrationalen Verhaltens die Form eines Minimax-Kalküls im Sinne der Spieltheorie: Bei jeder Entscheidung kann sich eine Reihe von Erwartungswerten realisieren, und es werden die Minima dieser Erwartungswerte bei

---

[83] Man vergleiche etwa die zusammenfassenden Darstellungen Arrows und Marschaks, die auch unseren folgenden Ausführungen zugrunde liegen: K. J. Arrow, a.a.O.; Jacob Marschak, „Probability in the Social Sciences", in Mathematical Thinking in the Social Sciences, a.a.O.

[84] Der Begriff „Erwartungswert" ist hier im statistischen Sinne gemeint, also als Summe der mit ihren Wahrscheinlichkeitskoeffizienten multiplizierten in Geld- oder anderen Einheiten ausgedrückten Ergebnisse einer Entscheidung.

[85] Gerhard Tintner, „A Contribution to the Non-Static Theory of Choice", QJE, Vol. 56, 1942.

[86] Vgl. auch Gerhard Tintner, „The Maximization of Utility over Time", Econometrica, Vol. 6, 1938; ders., „The Theoretical Derivation of Dynamic Demand Curves", ibid.; ders., „Ein Beitrag zur nicht-statischen Werttheorie", ZfN, Bd. 14, 1953/54.

allen möglichen Entscheidungen betrachtet. Zu wählen ist die Entscheidung, bei der das Minimum der Erwartungswerte maximiert wird[87].

In allen diesen Fällen handelt es sich also um Versionen eines Verhaltensprinzips, das die Unsicherheit der erwarteten Ergebnisse und damit die Möglichkeit von Enttäuschungen abzuschätzen und zu einem Minimum zu machen versucht. Es wird demnach angenommen, daß das Wirtschaftssubjekt sich für sein Verhalten während einer gewissen Zeitperiode eine Reihe von Plänen macht, sich für den relativ günstigsten entscheidet und dann nach diesem Plan handelt.

Alle diese Ansätze jedoch sehen sich schließlich einem weiteren prinzipiellen Problem gegenüber: Gerade der Versuch, die Unvollständigkeit der Information von vornherein in die Analyse einzubeziehen, führt notwendigerweise zu der Frage, ob und wie die im Zeitverlauf sich ändernde Information und Erfahrung die Ausführung des gewählten Plans beeinflussen.

Wie man dieses Problem dann auch weiterverfolgen mag — etwa im Rahmen einer „Theorie der Erwartungen" oder einer „Theorie der Anpassung"[88] —: es ist jedenfalls äquivalent der Frage, ob man in der Wahlhandlungstheorie mit einem im Zeitverlauf konstanten individuellen „Wert"- oder Präferenzsystem arbeiten kann, wie es die traditionelle Theorie mit Annahme einer konstanten Bedarfsstruktur tut. Es wird deshalb zweckmäßig sein, sich zunächst mit der Bedeutung dieser Annahme auseinanderzusetzen.

2. Änderungen des Präferenzsystems

Erinnern wir uns zunächst daran, wie die individuelle Bedarfsstruktur in die herkömmliche Theorie des Konsumentenverhaltens eingeführt wird. Es wird angenommen, der Konsument sehe sich der Gesamtheit der auf dem Markt existierenden Güter 1, 2, ..., n gegenüber, erwäge sämtliche möglichen Mengenkombinationen x_1, x_2, ..., x_n dieser Güter -- wobei nicht in jeder Kombination alle Güter vorzukommen brauchen: $x_i \geq 0$ — und ordne sie nach seiner subjektiven Präferenz. Diese Anordnung wird, so wird weiter angenommen, nicht beinflußt von seiner persönlichen Einkommenssituation und den im Augenblick der Betrachtung geltenden Preisen; sie ist überhaupt völlig unabhängig von Preisen und Einkommen. Die Präferenzskala kann sich auch auf Gütermengenkombinationen für mehrere Zeitabschnitte beziehen. In diesem Fall arbeitet die Theorie mit der Annahme, daß das Wirtschaftssubjekt zu Beginn des mehrperiodigen

---

[87] Zitiert nach K. J. *Arrow*, a.a.O., S. 429.
[88] H. A. *Simon*, a.a.O., S. 400.

Planungszeitraums ein für allemal die alternativen Gütermengenkombinationen ordne und daß sich dann diese Wertskala und die psychologische Einstellung den Gütern gegenüber nicht mehr ändere.

Das Problem ist nun, ob derartige Voraussetzungen für eine dynamische Theorie des Konsumentenverhaltens sinnvoll sind, denn wenn überhaupt, so muß sich hier die Fragwürdigkeit der Hypothese zeigen, daß das Präferenzsystem im Zeitverlauf konstant und unabhängig von Preisen und Einkommen sei. Da bisher kaum schlüssige empirische Aussagen über individuelle Präferenzsysteme und insbesondere ihr Zustandekommen vorliegen[89], müssen wir uns allerdings bei unserer folgenden Argumentation mit Vermutungen und Plausibilitätsbetrachtungen begnügen, die wir nur durch einige Literaturhinweise stützen können.

So wäre es für die Wirtschaftstheorie besonders wichtig, wenn sich die individuellen Präferenzsysteme im Zeitverlauf möglicherweise gerade durch ökonomisch bedingte Einflüsse änderten, etwa durch Einführung neuer Güter oder durch die ökonomischen Erfahrungen der Konsumenten. Ebenso wäre zu prüfen, ob nicht bei zeitlicher Betrachtung die Vorstellung eines von Preisen und Einkommen unbeeinflußten Präferenzsystems revisionsbedürftig wäre. Sehen wir zu, was sich hierzu rein theoretisch sagen läßt.

Um eine, und zwar sehr allgemeine Beschreibung des Einflusses ökonomischer Erfahrungen im Rahmen einer Wahlhandlungstheorie hat sich insbesondere Georgescu-Roegen bemüht[90]. Seine These ist, daß das von der Wahlhandlungstheorie als hypothetisch angenommene individuelle Präferenzsystem aus eben diesem Grunde nichts Feststehendes sein könne. Kein Konsument nämlich könne eine hinreichend klare Vorstellung über den Nutzen aller möglichen Gütermengenkombinationen haben, um sie ein für allemal danach ordnen zu können. Eindeutige Präferenzen bestünden vielmehr nur in bezug auf solche Kombinationen, mit denen der Konsument in der Vergangenheit bereits habe Erfahrungen sammeln können, mit denen er also tatsächlich „experimentiert" habe. Das individuelle Präferenzsystem enthalte aber auch solche Güterkombinationen, die noch nicht ausprobiert worden seien und deren Bewertung zunächst nur in der Vorstellung des Konsumenten erfolge. In diesen Fällen sei durchaus damit zu rechnen, daß der Konsument bei ihrer Realisierung Enttäuschungen oder Überraschungen erlebe. Diese neuen Erfahrungen

---

[89] Vgl. etwa W. Allen *Wallis* and Milton *Friedman*, „The Empirical Derivation of Indifference Functions", in Studies in Mathematical Economics and Econometrics, a.a.O.
[90] Nicholas *Georgescu-Roegen*, „The Theory of Choice and the Constancy of Economic Laws", QJE, Vol. 64, 1950.

würden ihn dazu veranlassen, seine gesamte bisherige Präferenzskala zu ändern[91].

Ein solcher, von Georgescu-Roegen als „hereditary" bezeichneter Mechanismus bewirke dann, daß der Konsument selbst in gleichen ökonomischen (Preis- und Einkommens-)Situationen, die aber zeitlich auseinanderliegen, nicht die gleichen Nachfrageentscheidungen treffe, weil sich in der Zwischenzeit seine Erfahrungen geändert hätten[92]. Über die Richtung und Größe dieser Effekte können jedoch rein theoretisch keine konkreteren Aussagen gemacht werden.

Das gilt auch für den zweiten Punkt der Kritik an der Voraussetzung eines im Zeitverlauf konstanten Präferenzsystems, die Wirkung von Preis- und Einkommensänderungen. Man ist sich völlig darüber einig, daß erhebliche Preis- und vor allem Einkommensänderungen die individuelle Bedarfsstruktur nicht unverändert lassen werden, nur erscheint es fast unmöglich, über Art und Richtung dieser Beeinflussung einigermaßen verbindliche Aussagen zu machen[93].

In dem von Georgescu-Roegen diskutierten Fall weiß der Konsument möglicherweise, welche Güter überhaupt existieren, er zieht sie auch alle bei Aufstellung seiner Präferenzskala in Erwägung und wird nur nach seinen tatsächlichen Käufen zur Revision seiner Beurteilung veranlaßt. Jetzt aber geht man von der Vorstellung aus, der Konsument ziehe gar nicht *alle* möglichen Güterkombinationen von vornherein in Betracht. Vielmehr berücksichtige er bei Festlegung seines Bedarfssystems nur solche Güterkombinationen, die ihm bei seiner gegenwärtigen und erwarteten Einkommenssituation im Bereich des Möglichen erschienen. In seiner Präferenzskala wird also nur eine Teilmenge aller möglichen Alternativen geordnet, und dann kann es sein, daß sich beispielsweise bei größeren unerwarteten Einkommensänderungen eine Umbewertung der ursprünglich allein berücksichtig-

---

[91] In diesem Sinne äußert sich auch Haavelmo: „... the actual *carrying out* of a planned decision may bring the individual into a new ‚milieu' so to speak, where he feels different from the way that he thought he would feel before he got there." Trygve *Haavelmo*, The Probability Approach in Econometrics, Econometrica, Vol. 12, Supplement, Chicago 1944, S. 20.

[92] Daraus folgt eine „Irreversibilität" der üblichen Nachfragefunktionen: Wird nach einer Preisänderung die ursprüngliche Situation wieder hergestellt, so werden nicht mehr die gleichen Mengen wie vorher nachgefragt. Vgl. *Georgescu-Roegen*, a.a.O., S. 134. Ein irreversibles System läßt sich natürlich durch Einbeziehung der zusätzlichen relevanten Variablen auf ein reversibles zurückführen. Vgl. hierzu Trygve *Haavelmo*, The Probability Approach in Econometrics, a.a.O., S. 20.

[93] Vgl. z. B. George J. *Stigler*, „The Limitations of Statistical Demand Curves", Jl. Am. Stat. Ass., Vol. 34, 1939, S. 476; G. L. S. *Shackle*, „Review of J. S. Duesenberry, Income, Saving, and the Theory of Consumer Behavior", Ec. Jl., Vol. 61, 1951, S. 131; Eberhard *Fels*, Zur Theorie und Messung nicht-additiver Nachfragefunktionen, a.a.O., S. 125.

ten Güterkombinationen ergibt, weil der Konsument sich vor völlig andere Möglichkeiten als vorher gestellt sieht.

Unter diesem Gesichtspunkt wäre dann die traditionelle Theorie des Konsumentenverhaltens, die ein von Preisen und Einkommen unabhängiges Präferenzsystem postuliert, nur zur Analyse solcher Preis- und Einkommensänderungen geeignet, die nicht zu einer anderen Zusammensetzung der im Präferenzsystem enthaltenen Güterkombinationen führen. Eine allgemeinere Theorie müßte demgegenüber berücksichtigen, daß bei Preis- und Einkommensänderungen unter Umständen neue Güter in das Präferenzsystem einbezogen werden und andere daraus verschwinden, so daß man nicht mit der Voraussetzung einer im Zeitverlauf konstanten Bedarfsstruktur arbeiten kann[94]. Das gleiche gilt natürlich für die Einführung neuer Güter.

Unser bisheriges Ergebnis — daß es zumindest sehr problematisch sei, in einer den Zeitverlauf berücksichtigenden Theorie des Konsumentenverhaltens mit einem konstanten Präferenzsystem zu arbeiten — ändert sich auch nicht wesentlich, wenn wir nicht von der traditionellen Wahlhandlungstheorie aus argumentieren, sondern eine der die Unsicherheit einbeziehenden Theorien zu Hilfe nehmen. Wie wir zuvor gesehen haben, bemühen sich diese Theorien, die unvollständige Information der Konsumenten dadurch zu berücksichtigen, daß sie die Ergebnisse alternativer Handlungen mit Unsicherheitskoeffizienten versehen. Das ändert aber nichts daran, daß auch hier das Problem der Inkonstanz der Präferenzsysteme auftritt, nur um eine Stufe weiter hinausgeschoben. Solange nämlich, wie üblich, vorausgesetzt wird, die Unsicherheitskoeffizienten, d. h. die subjektiven Wahrscheinlichkeiten, die das Wirtschaftssubjekt den alternativen Ergebnissen seiner geplanten Handlungen zuordnet, seien im Zeitverlauf konstant,

---

[94] Man findet ähnliche Argumente gegen die herkömmliche Theorie auch für den Fall dauerhafter Konsumgüter. Der Kauf dauerhafter Konsumgüter ändere die Bedarfsstruktur ebenfalls, weil in der folgenden Zeit das gekaufte Gut gar nicht mehr nachgefragt werde, ebenso bisher an seiner Stelle konsumierte Substitute, während vorher nicht erforderliche komplementäre Güter neu in das Bedarfssystem aufgenommen würden. (Vgl. G. *Rittig*, „Die Indeterminiertheit des Preissystems", Jahrb. f. Sozialwiss., Bd. 1, 1950, S. 227.) Hier indessen ist die Sachlage doch anders als bei der oben diskutierten Wirkung von Einkommensänderungen, denn das Problem der dauerhaften Güter kann man umgehen, indem man Präferenzsystem und Konsumplan auf mehrere Perioden bezieht, so daß die durch den Kauf dauerhafter Konsumgüter implizierte Abhängigkeit späterer Konsumdispositionen von denen früherer Perioden von vornherein mit in die betrachteten Alternativen einbezogen wird. In ähnlicher Weise hat man dieses Problem früher vielfach unter dem Aspekt der „Wiederkehr der Bedürfnisse" diskutiert und es als eine Frage der zweckmäßigen Periodenabgrenzung angesehen. Vgl. hierzu etwa Oskar *Morgenstern*, „Das Zeitmoment in der Wertlehre", ZfN, Bd. 5, 1934; P. N. *Rosenstein-Rodan*, „The Rôle of Time in Economic Theory", Economica N. S., Vol. 1, 1934, insbes. S. 78 f.

entspricht das genau der Voraussetzung eines konstanten Präferenzsystems und läßt sich in gleicher Weise kritisieren.

Fragen wir etwa, wie die Bewertung der unsicheren Alternativen mit subjektiven Wahrscheinlichkeiten zustandekommt. Man nimmt durchweg an, daß die Wahrscheinlichkeitskoeffizienten auf Grund der jeweils vorhandenen Information abgeschätzt werden[95], und da es sich bei den Plangrößen im allgemeinen um Gütermengen und Einkommen handelt, beziehen sich auch die für die Beurteilung der Unsicherheit relevanten Information weitgehend auf ökonomische Größen. Insbesondere gehen in die Wahrscheinlichkeitsschätzungen die individuellen ökonomischen Erfahrungen und die jeweilige ökonomische Situation ein. Ändert sich nun der Erfahrungsbereich des Wirtschaftssubjekts, so ist damit zu rechnen, daß sich auch die individuellen Ansichten über den Grad der Unsicherheit der verschiedenen erreichbaren Gütermengenkombinationen verändern. Dieser Fall ist dem früher diskutierten parallel: Er impliziert eine Neuordnung der Alternativen, deren Bewertung sich geändert hat, und damit eine Änderung des Präferenzsystems[96].

3. Ergebnisse der Diskussion für eine dynamische Theorie des Konsumentenverhaltens

Wir haben es für zweckmäßig gehalten, Rationalprinzip und Präferenzsystem getrennt voneinander zu betrachten: Das Präferenzsystem ist der jeweilige Maßstab für das rationale Verhalten, während das Verhaltensprinzip selbst darüber entscheidet, in welcher Reihenfolge die unterschiedlichen Ergebnisse möglicher Entscheidungen in Betracht gezogen werden, etwa nach den Erwartungswerten der Nutzenverteilungen, nach den Maxima der Minima der Erwartungswerte oder nach ähnlichen Kriterien.

Unsere ganze bisherige Diskussion hat sich auf das Präferenzsystem konzentriert und das Rationalprinzip als solches außer acht gelassen. Wir haben also nicht in Frage gestellt, daß sich das Wirtschaftssubjekt konsistent in dem Sinne verhält, daß es die möglichen Ergebnisse seiner geplanten Entscheidungen immer nach ein und demselben Prinzip ordnet. Wenn wir dies nicht unterstellen, so ergeben sich natürlich einfach noch zusätzliche Komplikationen. Uns genügt hier, auf die Fragwürdigkeit der Annahme konstanter Präferenzsysteme allein einzugehen. Inkonstanz von Präferenzskalen heißt also:

---

[95] K. J. *Arrow*, a.a.O., S. 411; ferner auch Johan *Akerman*, Das Problem der sozialökonomischen Synthese, Lund 1938, S. 274.

[96] Zum Problem variabler Wahrscheinlichkeiten, insbesondere des Zusammenhangs zwischen ‚a priori'- und ‚a posteriori'-Wahrscheinlichkeiten vgl. z. B. die Hinweise auf Bayes' Theorem bei K. J. *Arrow*, a.a.O., S. 411 f. und J. *Marschak*, a.a.O., S. 181 ff.

Nicht das *Prinzip*, nach dem die Alternativen geordnet werden, ändert sich, sondern die subjektive *Bewertung der Alternativen* selbst, nicht das Verhaltensprinzip (etwa Maximierung des erwarteten Nutzens) wird verändert, sondern dessen Maßstab. Und dieses grundsätzliche Problem existiert, wie wir gesehen haben, selbst noch für diejenigen Theorien, die das Unsicherheitsmoment und die unvollständige Information so weit wie möglich einzubeziehen versuchen, da auch die subjektiven Wahrscheinlichkeitsurteile Änderungen im Zeitverlauf unterliegen können.

Die als Begründung für eine mögliche Inkonstanz der Präferenzsysteme diskutierten Phänomene gehören vorwiegend in das Gebiet der psychologischen Lerntheorien, auf die wir an dieser Stelle jedoch nur verweisen können[97]. Sie auch in ökonomischen Modellen explizit zu berücksichtigen, erscheint dagegen vorläufig außerordentlich schwierig, insbesondere weil es fraglich ist, inwieweit man dabei mit den herkömmlichen analytischen Mitteln auskommen würde.

Sofern man sich Problemen dieser Art überhaupt bewußt war, hat man sie durch zusätzliche Hypothesen entweder völlig umgangen oder die Notwendigkeit einer Diskussion so weit wie möglich hinausgeschoben. Wenn man in der dynamischen Theorie etwa des Konsumentenverhaltens mit mehrperiodigen Konsumplänen arbeitet, so besteht der Ausweg im allgemeinen darin, daß man implizit oder explizit ein routinemäßiges Verhalten des Konsumenten für den betreffenden Zeitraum unterstellt: Die Entscheidungen des Konsumenten richten sich während der gesamten Zeit an dem zu Beginn von ihm aufgestellten Konsumplan aus.

Diesen Sachverhalt drücken auch die häufig in der Literatur zu findenden Begriffe „Planungsperiode"[98], "Plananpassungsperiode"[99] und „ökonomischer Horizont"[100] aus. Routineverhalten in diesem Sinne bedeutet, daß sich zwar während der Ausführung seines Plans die Erfahrungen des Konsumenten ändern können, daß er aber immer wie-

---

[97] Für eine Übersicht vgl. z. B. Ernest R. *Hilgard*, Theories of Learning, 2. Edition, New York 1956.

[98] Vgl. z. B. F. und V. *Lutz*, The Theory of Investment of the Firm, Princeton, N. J. 1951, S. 52: „(The planning period) is defined ... as the period for which investment decisions are taken in advance and during which the investment plan once made will not be revised. The assumption of a planning period of a certain length implies merely that the entrepreneur is not constantly, every instant of the time, watching for changes in the actual and expected data and making new or revising old investment plans in the light of those changes ...."

[99] Vgl. F. *Machlup*, „Period Analysis and Multiplier Theory", a.a.O., S. 208: „The concept of a plan adjustment period rests on the fact that plans remain unchanged over a certain time interval, even if conditions change."

[100] Vgl. J. *Tinbergen*, „The Notions of Horizon and Expectancy in Dynamic Economics", Econometrica, Vol. 1, 1933 (zitiert nach W. *Krelle*, Theorie wirtschaftlicher Verhaltensweisen, Meisenheim-Wien 1953, S. 221).

der nach seinen ursprünglichen Kriterien handelt und daß sich sein Präferenzsystem nicht ändert[101]. Dahinter steckt die Annahme einer gewissen Trägheit, die unter Umständen erst nach einer geraumen Zeit und erst nach bedeutenderen Änderungen der für die Entscheidungen relevanten Variablen zu einer Revision der Pläne und des Verhaltens führt[102].

Es erscheint diskutabel, ob diese Vorstellung noch mit der Annahme irgendeines „Rational"-Prinzips vereinbar ist. Routineverhalten wäre ja im strengen Sinne nur dann rational, wenn es über eine gewisse Zeit hinweg wirklich erfolgreich wäre und wenn die Erwartungen des Wirtschaftssubjekts nicht häufig enttäuscht würden.

Dieses Kriterium ist jedoch ohnehin in einer dynamischen Theorie nicht eindeutig anwendbar: Wie will man entscheiden, wann Erwartungen enttäuscht wurden, wenn das Wirtschaftssubjekt seine Pläne gar nicht auf einwertige Erwartungen basiert, sondern etwa auf Wahrscheinlichkeitsverteilungen der möglichen Ergebnisse seiner Handlungen[103]? Andererseits kann man sich natürlich überhaupt fragen, inwieweit die Annahme routinemäßigen Verhaltens der Realität entspricht, ob sie nur für Käufe des täglichen Lebens und nicht für größere Anschaffungen gilt, oder ob sie für das Konsumentenverhalten mehr Berechtigung hat als für das Unternehmerverhalten. Das jedoch ist eine Tatfrage, die nur durch empirische Untersuchungen zu beantworten ist[104].

Wie und inwieweit die angeschnittenen Probleme dagegen theoretisch lösbar sein werden, läßt sich beim augenblicklichen Stand der Diskussion kaum übersehen. Jedenfalls ist die Entwicklung einer dynamischen Wahlhandlungstheorie mit den herkömmlichen Methoden allein nur sehr begrenzt möglich[105]. Jedoch halten wir es nicht für

---

[101] „The behaviour of the economic unit is the same whenever certain variables on which this behaviour is said to depend take on any same given values." (F. H. *Hahn*, „Expectations and Equilibrium", Ec. Jl., Vol. 62, 1952, S. 819.)

[102] Erik *Lundberg*, Studies in the Theory of Economic Expansion, New York 1954, S. 47; Fritz *Machlup*, „Period Analysis and Multiplier Theory", a.a.O., S. 208 f. Vgl. ferner hierzu Oskar *Lange*, „Die allgemeine Interdependenz der Wirtschaftsgrößen und die Isolierungsmethode", ZfN, Bd. 4, 1933.

[103] F. H. *Hahn*, a.a.O., S. 818; Jacob *Marschak*, a.a.O., S. 172.

[104] Für den Konsumsektor vgl. zu diesen Problemen etwa die Studien vom Survey Research Center des Institute for Social Research der University of Michigan, z. B. Robert *Ferber*, „The Role of Planning in Consumer Purchases of Durable Goods", AER, Vol. 44, 1954; George *Katona*, „Variability of Consumer Behavior and the Survey Method", in Contributions of Survey Methods to Economics, George *Katona* et al., Editors, New York 1954. Für das Unternehmerverhalten vgl. Oskar *Anderson* jr. et al., „Short-Term Entrepreneurial Reaction Patterns", Paper presented at the 17. European Meeting of the Econometric Society, Kiel, September 1955.

[105] Vgl. aber z. B. Herbert A. *Simon*, „A Behavioral Model of Rational

unsere Aufgabe, nach denkbaren Ansätzen zu suchen, sondern uns kam es nur darauf an, zu zeigen, daß die Theorie des Konsumentenverhaltens in ihrer bisherigen Form wenig geeignet ist, als Grundlage einer dynamischen Konsumfunktion zu dienen, sie bedürfte dazu noch wesentlicher Erweiterungen. Viel wichtiger erscheint uns in diesem Zusammenhang aber ein ganz anderes Problem: Inwieweit sind überhaupt unsere bisherigen Erörterungen, die sich allein auf den Bereich der Mikroökonomik bezogen, verbindlich für die makroökonomische Konsumfunktion? Es entsteht hier die Frage, ob sich die dargestellten Probleme nicht entsprechend vervielfältigen, wenn wir es mit der Gesamtheit der Konsumenten zu tun haben. Welchen Erkenntniswert hat also die mikroökonomische Theorie für makroökonomische Zusammenhänge und welche Schwierigkeiten ergeben sich bei dem Versuch einer Zusammenfassung individueller Funktionen zu einer Makrofunktion[106]? Diesen sogenannten Aggregationsproblemen haben wir uns nun zuzuwenden.

Choice". QJE, Vol. 69, 1955, wo ein methodisch anderer Ansatz zur Behandlung unvollständiger Information entwickelt wird.

[106] Noch unter einem anderen Aspekt könnte die Anwendbarkeit mikroökonomischer Aussagen auf makroökonomische Zusammenhänge problematisch erscheinen, dann nämlich, wenn die mikroökonomische Theorie ausschließlich normativ wäre, also nur das Ziel hätte, dem Individuum Empfehlungen zu geben. Zweifellos erscheint ein großer Teil der neueren Wahlhandlungstheorie, der Unsicherheit einbezieht, eher normativ als deskriptiv. Explizit wird das aber von keiner der in diesem Zusammenhang entwickelten Theorien behauptet, vielmehr überwiegt die Vorstellung, daß sie tatsächliches Verhalten, wenigstens annäherungsweise, beschrieben. Vgl. K. J. *Arrow*, a.a.O., S. 406.

Dritter Teil

Probleme der Aggregation

1. Kapitel

Begründung der Aggregationsproblematik

1. Das „psychologische Gesetz"

Wir haben wiederholt darauf hingewiesen, daß die Konsumfunktion, obwohl sie selbst eine Beziehung zwischen Makrogrößen ist, natürlich auf den individuellen Entscheidungen der Gesamtheit der Konsumenten beruht. Bei Keynes jedoch findet sich keine explizite Verbindung zwischen der Konsumfunktion und der mikroökonomischen Theorie des Konsumentenverhaltens. Heißt das nun, daß Keynes die Gestalt der Konsumfunktion als eine rein makroökonomische Gesetzmäßigkeit aufgefaßt haben wollte, ohne damit etwas über individuelles Verhalten zu sagen? Dem scheint seine Betonung des „psychologischen Gesetzes" zu widersprechen, und gerade die hiermit von Keynes angeblich postulierte Psychologie ist ja auch oft angegriffen worden[1].

Uns scheint, daß es sich hierbei um eine rein terminologische Frage von sekundärer Bedeutung handelt. Die Aussage, daß der Grenzhang zum Konsum kleiner als Eins sei, ist für Keynes nicht mehr als eine zweckmäßige Arbeitshypothese und nach seinen eigenen Worten „capable of being subjected to further analysis"[2]. Und trotz einiger

---

[1] Vgl. z. B. J. Åkerman, Das Problem der sozialökonomischen Synthese, a.a.O., S. 94: „Diese Begriffe sind gleichzeitig psychologisierend und rein apsychologisch: sie wollen etwas aussagen über die Reaktion des ‚economic man', können diese Reaktion aber auf keine Weise beschreiben." J. A. Schumpeter, „J. M. Keynes", AER, Vol. 36, 1946, wieder abgedruckt in The New Economics, a.a.O., S. 91: „... Keynes called his assumptions about the forms of the consumption and liquidity preference functions Psychological Laws. ... But no tenable meaning can be attached to it, not even so much meaning as attaches to the ‚law of satiable wants'." Vgl. ferner: Hans *Mayer*, „J. M. Keynes' ‚Neubegründung' der Wirtschaftstheorie", in Wirtschaftliche Entwicklung und soziale Ordnung, hgg. v. E. *Lagler* und J. *Messner*, Wien 1952, S. 47; Hans *Böhi*, „Die Methode der Gesamtgrößenbetrachtung", Kyklos, Vol. 2, 1948, S. 30; ders., „Ein neues Werk über den volkswirtschaftlichen Gesamtprozeß", Schw. Z. f. Vw. u. Stat., Bd. 85, 1949, S. 133.

[2] J. M. *Keynes*, General Theory, a.a.O., S. 247.

Hinweise auf die „psychological characteristic of human nature"[3] liegt für Keynes ihre ausschließliche Bedeutung darin, eine makroökonomisch geltende Durchschnittsgesetzmäßigkeit auszudrücken. Das zeigt sich bereits in den folgenden der „General Theory" entnommenen Zitaten:

„... the psychology *of the community* is such that when aggregate real income is increased aggregate consumption is increased, but not by so much as income"[4];

„... men are disposed, *as a rule and on the average,* to increase their consumption as their income increases, but not by as much as the increase in their income"[5];

„The behavior *of the public* is, *in general,* of such a character..."[6];

„Thus it is natural — at any rate *on the average of the community —* that current consumption should be expanded when employment increases, but by less than the full increment of real income ...[7]."

Noch deutlicher drückt sich Keynes in einem seiner Diskussionsbeiträge zur Konsumfunktion aus:

„My argument does not require, of course, that this rule holds good of every individual or even of every class, but only of the community as a whole; and it is subject to the usual ceteris paribus clause. ... One speaks of there being a law, when one means a law of the society we live in[8]."

Das „psychologische Gesetz" ist also als makroökonomische Gesetzmäßigkeit aufzufassen, und nur in diesem Sinne kann seine Gültigkeit diskutiert werden.

2. Die Forderung nach einer einheitlichen Theorie für Mikro- und Makrosystem

Diese Erkenntnis enthebt uns jedoch nicht der Frage, ob die Makrotheorie überhaupt — wie bisher — unabhängig von der Mikrotheorie entwickelt werden darf, also ohne die notwendigerweise zwischen Mikro- und Makrosystem bestehenden Zusammenhänge zu berücksichtigen und explizit zu machen. Schließlich ist es nur naheliegend,

---

[3] J. M. *Keynes,* General Theory, a.a.O., S. 251.
[4] J. M. *Keynes,* General Theory, a.a.O., S. 27 (im Original keine Hervorhebung).
[5] J. M. *Keynes,* General Theory, a.a.O., S. 96 (im Original keine Hervorhebung).
[6] J. M. *Keynes,* General Theory, a.a.O., S. 248 (im Original keine Hervorhebung).
[7] J. M. *Keynes,* General Theory, a.a.O., S. 251 (im Original keine Hervorhebung).
[8] Brief Keynes' an Elizabeth W. Gilboy. Vgl. Elizabeth W. *Gilboy,* „The Propensity to Consume: A Reply", QJE, Vol. 53, 1939, S. 634.

zu fordern, daß eine logisch konsistente ökonomische Theorie sowohl mikroökonomisches wie makroökonomisches Modell umfassen müsse. Diejenige ökonomische Theorie, die der Forderung nach einem einheitlichen logisch-deduktiven System sowohl für die individuellen Wirtschaftseinheiten als auch für deren gesamtwirtschaftliches Zusammenwirken bisher am nächsten kommt, ist das Modell von Walras[9]. Die in dem von Walras verwendeten Gleichungssystem auftretenden Funktionen enthalten explizit alle für die einzelnen Wirtschaftssubjekte relevanten Variablen und Parameter. Deshalb aber ist dieses System unter Umständen für viele Fragestellungen zu kompliziert und unhandlich.

Das Anliegen der makroökonomischen Analyse besteht demgegenüber darin, die Vielzahl der mikroökonomischen Variablen, Parameter und Funktionen zu einigen wenigen zusammenzufassen. Man geht dabei im allgemeinen so vor, daß als Variable des Makrosystems Aggregate wie Volkseinkommen, Gesamtkonsum usw. definiert werden und die Existenz gewisser funktionaler Beziehungen zwischen ihnen postuliert wird. Wenn man sich neuerdings nicht damit begnügt, sondern fordert, bei Entwicklung von Makromodellen primär vom mikroökonomischen System auszugehen, so spielt hierbei auch die Vorstellung eine Rolle, auf diese Weise zuverlässigere und verbindlichere Aussagen über die Eigenschaften von Makrofunktionen machen zu können. Dies deshalb, weil man die Hypothesen, aus denen üblicherweise das Mikrosystem abgeleitet wird — beispielsweise das Rationalprinzip —, für grundlegender hält als die für Makrorelationen unmittelbar postulierten Eigenschaften.

Der Tendenz zu einer Synthese von Makro- und Mikrotheorie entspricht auch der bereits erwähnte Versuch, die makroökonomische Konsumfunktion aus der mikroökonomischen Theorie des Konsumentenverhaltens abzuleiten[10]. Gehen wir etwa von der Mosakschen Version des walrasianischen Modells aus, so erhalten wir bekanntlich aus der Theorie des Konsumentenverhaltens individuelle Nachfragefunktionen für jedes Gut von der Form[11]:

(1) $\quad x_{ij} = f_{ij}(p_1, \ldots, p_n, \bar{x}_{1j}, \ldots, \bar{x}_{nj}), \begin{matrix} i = 1,2, \ldots, n \\ j = 1,2, \ldots, m \end{matrix}$

---

[9] Als logisch geschlossen ist es erst dann zu betrachten, wenn die Widerspruchsfreiheit und ökonomisch sinnvolle Lösbarkeit des Gleichungssystems nachgewiesen ist, Probleme, um die sich Walras selbst nicht kümmerte. Vgl. hierzu Kenneth J. *Arrow* and Gerhard *Debreu*, „Existence of an Equilibrium for a Competitive Economy", Econometrica, Vol. 22, 1954.
[10] Vgl. oben S. 28; ferner Franco *Modigliani* und Richard *Brumberg*, „Utility Analysis and the Consumption Function: An Interpretation of Cross-Section Data", in Post-Keynesian Economics, K. K. Kurihara, Editor, New Brunswick, N. J. 1954.
[11] Jacob L. *Mosak*, General-Equilibrium Theory in International Trade, Bloomington, Ind. 1944, S. 30 ff.

in der $x_{1j}, \ldots, x_{nj}$ die nachgefragten Gütermengen, $p_1, \ldots, p_n$ die Preise und $\bar{x}_{1j}, \ldots, \bar{x}_{nj}$ die Anfangsbestände dieser Güter im Besitz des j-ten Individuums sind. Analog gilt für den individuellen Gesamtkonsum des j-ten Konsumenten, der definiert ist als

(2) $\quad c_j = \sum_{i=1}^{n} x_{ij}\, p_i, \quad j = 1, 2, \ldots, m,$

(3) $\quad c_j = c_j\,(p_1, \ldots, p_n; \bar{x}_{1j}, \ldots, \bar{x}_{nj}), \quad j = 1, 2, \ldots, m.$

Da im Gesamtsystem Preise und Güterbestände zusammen die individuellen Einkommen bestimmen[12], können wir stattdessen auch schreiben

(4) $\quad c_j = c_j\,(y_j), \quad j = 1, 2, \ldots, m.$

Aus diesen individuellen Konsumfunktionen soll nun die makroökonomische Konsumfunktion abgeleitet werden, wobei der Gesamtkonsum C als Summe der individuellen Konsumausgaben c_j definiert ist[13]. Summiert man demgemäß die durch (4) gegebenen Mikrofunktionen, so erhält man aus

(5) $\quad C = \sum_{j=1}^{m} c_j = \sum_{j=1}^{m} c_j\,(y_j)$

eine neue Funktion

(6) $\quad C = C\,(y_1, \ldots, y_m).$

Die so gewonnene Konsumfunktion unterscheidet sich insofern von der üblichen, als diese nicht von sämtlichen individuellen Einkommen abhängt. In der Makrotheorie arbeitet man vielmehr mit einer Funktion

(7) $\quad C = C\,(Y),$

bei welcher der Gesamtkonsum vom Gesamteinkommen Y, also nur von der Summe der y_j abhängt.

Es kommt somit auf den Übergang von (6) nach (7) an: Für welche Argumentbereiche der $y_1, \ldots, y_m$ existiert a) überhaupt eine und b) auch nur eine zu (6) analoge Funktion (7)? Meistens vereinfacht man sich dieses Problem dadurch, daß man passende Bedingungen postuliert, etwa Konstanz der Einkommensverteilung. Die Bedingungen sind dabei im allgemeinen hinreichend, aber nicht notwendig. Das zeigt sich an folgendem Beispiel:

Konstanz der Einkommensverteilung heißt, daß die individuellen Einkommen y_j sich jeweils proportional zum Volkseinkommen ändern:

---

[12] Prof. Eberhard *Fels* machte mich darauf aufmerksam, daß deshalb in einer gesamtwirtschaftlichen Konsumfunktion nicht, wie vielfach üblich, sämtliche Einkommen und Preise gleichzeitig als voneinander unabhängige Variable angenommen werden können.

[13] Vgl. aber die zitierte Arbeit Modiglianis und Brumbergs, in der durch Einführung zusätzlicher Hypothesen über die Form der individuellen Nutzenfunktion eine speziellere Konsumfunktion zur Erklärung des aus Haushaltsrechnungen stammenden empirischen Materials abgeleitet wird.

Begründung der Aggregationsproblematik

(8) $$y_j = k_j Y, \quad j = 1, 2, \ldots, m.$$
$$k_j = \text{const.}, \sum_{j=1}^{m} k_j = 1.$$

Um aber die individuellen Einkommen y_j in einer Makrofunktion durch ihre Summe ersetzen zu können, genügt es schon, wenn jedes y_j in einer eindeutigen Beziehung zum Volkseinkommen steht[14], wenn also

(9) $$y_j = f_j(Y), \quad j = 1, 2, \ldots, m.$$

wobei natürlich entsprechend der Definition von Y als Nebenbedingung gelten muß

(10) $$\sum_{j=1}^{m} f_j(Y) \equiv Y \text{ für alle } Y.$$

Das ist eine wesentlich schwächere Voraussetzung als die mit (8) geforderte strenge Proportionalität, denn es sind ganz beliebige Formen funktionaler Abhängigkeit zwischen Einzel- und Gesamteinkommen denkbar, die den Bedingungen (9) und (10) genügen[15].

3. Aufgaben der Aggregationstheorie

Bisher hat man Aussagen über Mikrofunktionen und ihre Eigenschaften ohne großes Bedenken auch auf Makrofunktionen übertragen. Wenn man in der Mikrotheorie mit einer funktionalen Beziehung zwischen individuellem Einkommen und individuellem Konsum arbeitete, so nahm man an, daß zwischen Gesamteinkommen und Gesamtkonsum ebenfalls eine funktionale Beziehung bestehe. Oder wenn der Grenzhang zum Konsum jedes einzelnen Konsumenten kleiner als Eins angenommen wurde, glaubte man daraus folgern zu können, daß auch makroökonomisch gesehen $\frac{dC}{dY} < 1$ sei.

Für eine konsistente Verknüpfung von Mikro- und Makrotheorie bedarf es jedoch der Berücksichtigung einer ganzen Reihe von Problemen, die sich aus der Struktur der beiden Theorien ergeben: Wir haben es einerseits mit Mikrovariablen bzw. -parametern und Mikrofunktionen zu tun, andererseits mit Makrovariablen, Makroparametern und Makrofunktionen. Sind etwa Mikrosystem und Makrofunktionen vorgegeben, so kann danach gefragt werden, welche Makrovariablen

---

[14] Vgl. Erich *Schneider*, Einführung in die Wirtschaftstheorie, III. Teil, 3. Auflage, a.a.O., S. 120.

[15] Haben wir es mit zwei Einkommensempfängern zu tun, so daß $y_1 + y_2 = Y$, so könnten die Funktionen $y_j = f_j(Y)$ vielleicht folgendermaßen aussehen:
$$y_1 = a_1 Y + b_1$$
$$y_2 = a_2 Y + b_2, \text{ mit } a_1 + a_2 = 1; b_1 = -b_2,$$
oder $y_1 = \sin^2 Y + a_1 Y + b_1$
$$y_2 = \cos^2 Y + a_2 Y + b_2,$$
mit $a_1 + a_2 = 1; b_1 + b_2 + 1 = 0.$

damit vereinbar sind. Oder umgekehrt: Mikrosystem und Makrovariable sind vorgegeben, welche Funktionen existieren zwischen den Makrovariablen, welche Eigenschaften hat das Makrosystem[16]?

Solche Aggregationsprobleme beschäftigen natürlich nicht nur Wirtschaftstheoretiker, sondern ebensosehr Statistiker und Ökonometriker, die vor der Aufgabe stehen, die Vielzahl empirischer Daten und zwischen diesen bestehenden Relationen zu Aggregaten und gesamtwirtschaftlichen Gesetzmäßigkeiten zusammenzufassen. Es seien hier nur folgende Fragen erwähnt: Nach welchen Prinzipien sind sinnvolle Indexzahlen zu konstruieren? Wie lassen sich die aus Haushaltsrechnungen zu entnehmenden Konsumfunktionen für verschiedene Bevölkerungsgruppen zu einer Konsumfunktion für die Gesamtwirtschaft zusammenfassen? In welcher Beziehung stehen die mit Hilfe verschiedener Methoden gewonnenen Funktionen und Parameter, z. B. der aus den Zeitreihen für Volkseinkommen und Gesamtkonsum und der aus Haushaltsrechnungen bestimmte Grenzhang zum Konsum[17]?

Die Entwicklung einer eigentlichen Aggregationstheorie ist noch verhältnismäßig jungen Datums und noch keineswegs abgeschlossen. Angeregt wurde sie wohl nicht zuletzt durch die häufige Kritik an der seit Keynes dominierenden Beschäftigung mit Makromodellen. Die theoretische Diskussion muß dabei wesentlich allgemeiner ansetzen als bei der Behandlung ökonometrischer Einzelfragen, einfach deshalb, weil die Wirtschaftstheorie, insbesondere die Mikrotheorie, fast ausschließlich mit Funktionen ganz genereller Art arbeitet, deren Eigenschaften oft gar nicht im einzelnen festgelegt sind. Diese notwendigerweise sehr allgemeine Diskussion läßt aber andererseits die Grundprobleme am klarsten erkennen, und es sollte uns deshalb möglich sein, an Hand der bisher behandelten typischen Aggregationsprobleme zu entscheiden, inwieweit Aussagen der Mikrotheorie grundsätzlich als verbindlich auch für die Makrotheorie anzusehen sind.

---

[16] H. *Theil*, Linear Aggregation of Economic Relations, Amsterdam 1954, S. 5 f. Dieses methodische Vorgehen bezeichnet Theil als „consistency approach" im Gegensatz zum vorher angeführten „analogy approach".

[17] Vgl. zu den beiden letzten Fragen im einzelnen: Jacob *Marschak*, „Personal and Collective Budget Functions", Rev. of Ec. Stat., Vol. 21, 1939; ders., „On Combining Market and Budget Data in Demand Studies: A Suggestion", Econometrica, Vol. 7, 1939; Paul *de Wolff*, „Income Elasticity of Demand, a Micro-Economic and a Macro-Economic Interpretation", Ec., Jl., Vol. 51, 1941; Trygve *Haavelmo*, „Family Expenditure and the Marginal Propensity to Consume", Econometrica, Vol. 15, 1947; M. J. *Farrell*, „Some Aggregation Problems in Demand Analysis". Rev. of Ec. Stud., Vol. 21, 1953/54. Übrigens betonen auch Modigliani und Brumberg (a.a.O.), daß im Gegensatz zu dem üblichen „analogy approach" keine eindeutige Beziehung zwischen den Parametern der Mikrofunktionen und den aus Budgetstudien gewonnenen Durchschnittswerten dieser Parameter für eine Gruppe zu bestehen braucht. Sie bemühen sich, diese Diskrepanz aus den Hypothesen ihres Modells zu erklären.

2. Kapitel

Ergebnisse der bisherigen theoretischen Diskussion von Aggregationsproblemen

1. Das Aggregationsproblem von L. R. Klein

Den Anstoß zur theoretischen Diskussion gab 1946 L. R. Klein[18], der damit einen bereits 1938 erschienenen Beitrag Dreschs aufgriff[19]. Dresch behandelte folgendes produktionstheoretische Problem: Angenommen wird ein System einzelwirtschaftlicher Produktionsfunktionen, die eine technische Beziehung zwischen Ausbringungsmengen verschiedener Konsumgüter und den eingesetzten Mengen der Produktionsfaktoren Arbeit, Kapital und Boden beschreiben. Hieraus läßt sich bekanntlich unter der Hypothese gewinnmaximierenden Verhaltens ableiten, daß die Grenzproduktivitäten der eingesetzten Produktionsfaktoren ihren Preisen proportional sind. Dresch ging es nun darum, zu zeigen, daß gleiche Grenzproduktivitätsrelationen auch zwischen gewissen Makrogrößen bestehen, die aus den entsprechenden Mikrovariablen gebildet sind. Es ist nur erforderlich, die Aggregate — in diesem Fall Preis- und Produktionsindizes für Konsumgüter, Kapital, Arbeit und Boden — geeignet aus den Mikrovariablen zu konstruieren. Zur Ableitung der Grenzproduktivitätsbeziehungen zwischen den Makrogrößen war es aber nicht notwendig, anzunehmen, daß auch eine den Mikrofunktionen analoge Produktionsfunktion für die Gesamtwirtschaft existiere.

An dieser Stelle knüpfte Klein an. Sein Ziel war, ein Makromodell zu entwickeln, das eine gleiche Argumentation gestatte wie das Mikrosystem, in dem die Ableitung der Grenzproduktivitätsbeziehungen auf den einzelwirtschaftlichen Produktionsfunktionen basiert. Klein forderte deshalb, daß auch eine makroökonomische Produktionsfunktion existieren müsse, also eine eindeutige Beziehung zwischen Indizes der insgesamt eingesetzten Mengen der Produktionsfaktoren und der Gesamtausbringung. Diese Makroproduktionsfunktion sei so zu konstruieren, daß aus ihr die von Dresch aufgezeigten Grenzproduktivitätsrelationen zwischen den Aggregaten abgeleitet werden könnten.

Zuerst muß also geprüft werden, ob überhaupt eine eindeutige funktionale Beziehung zwischen den Aggregaten besteht, die durch eine Zusammenfassung der Mikrovariablen entstanden sind. Wegen der Grundsätzlichkeit der Fragestellung wollen wir hierauf noch etwas

---

[18] Lawrence R. *Klein*, „Macroeconomics and the Theory of Rational Behavior", Econometrica, Vol. 14, 1946.
[19] F. W. *Dresch*, „Index Numbers and the General Economic Equilibrium", Bull. of the Am. Math. Soc., Vol. 44, 1938.

eingehen und die Bedingungen angeben, unter denen sich eine solche Makrofunktion konstruieren läßt[20].

Betrachtet wird eine Zahl von A Unternehmen, die jeweils m Güterarten herstellen. Zu deren Produktion werden in jedem Unternehmen r verschiedene Arten ($n_1, n_2, \ldots, n_r$) des Produktionsfaktors Arbeit und s verschiedene Arten ($z_1, z_2, \ldots, z_s$) des Produktionsfaktors Kapital verwendet. Eine technische Produktionsfunktion bestimmt in jedem Unternehmen die Beziehungen zwischen Kapital- und Arbeitseinsatz und den Ausbringungsmengen ($x_1, x_2, \ldots, x_m$) der produzierten Güter. Diese individuellen Produktionsfunktionen lassen sich entweder in impliziter Form schreiben als

(1) $\quad F_\alpha (x_{1\alpha}, \ldots, x_{m\alpha}, \ldots, n_{1\alpha}, \ldots, n_{r\alpha}, \ldots, z_{1\alpha}, \ldots, z_{s\alpha}) = 0,$
$$\alpha = 1, 2, \ldots A,$$

oder, wenn angenommen wird, daß man nach einem der x_i, etwa nach x_1 auflösen kann:

(2) $\quad x_{1\alpha} = f_\alpha (x_{2\alpha}, \ldots, x_{m\alpha}, \ldots, n_{1\alpha}, \ldots, n_{r\alpha}, \ldots, z_{1\alpha}, \ldots, z_{s\alpha}),$
$$\alpha = 1, 2, \ldots A.$$

Es wird vorausgesetzt, daß die Funktionen (2) partielle Ableitungen nach allen unabhängig Veränderlichen besitzen.

Gesucht wird nun eine den Mikrofunktionen analoge makroökonomische Produktionsfunktion, die von einem Produktionsindex X, einem Beschäftigungsindex N und einem Kapitalindex Z abhängen soll. X, N und Z sind die Makrovariablen. Sie werden zunächst ganz allgemein als Funktionen aller entsprechenden Mikrogrößen aufgefaßt und in folgender Weise definiert:

(3) $\quad \begin{aligned} X &= G(x_{11}, \ldots, x_{m1}, x_{12}, \ldots, x_{m2}, \ldots, x_{1A}, \ldots, x_{mA}) \\ N &= H(n_{11}, \ldots, n_{r1}, n_{12}, \ldots, n_{r2}, \ldots, n_{1A}, \ldots, n_{rA}) \\ Z &= I(z_{11}, \ldots, z_{s1}, z_{12}, \ldots, z_{s2}, \ldots, z_{1A}, \ldots, z_{sA}). \end{aligned}$

Gefragt ist nach einer Funktion

(4) $\quad\quad\quad\quad \Phi(X, N, Z) = 0$

zwischen diesen Aggregaten, die für alle Werte der Mikrogrößen $x_{2\alpha} \ldots x_{m\alpha}, n_{i\alpha}$ und $z_{j\alpha}$ ($\alpha = 1 \ldots A; i = 1 \ldots r; j = 1 \ldots s$) gelten muß, und gesucht sind die Bedingungen, unter denen eine solche funktionale Beziehung zwischen X, N und Z existiert.

Nach einem Satz über die funktionale Abhängigkeit von m Funktionen von n Veränderlichen existiert in unserem Fall eine solche Funktion dann, wenn die folgende Matrix den Rang 2 hat, wenn also alle

---

[20] Wir folgen dabei dem Ansatz Kleins, a.a.O. Vgl. dazu auch André *Nataf*, „Sur la possibilité de construction de certains macromodèles", Econometrica, Vol. 16, 1948; ders., Sur des questions d'agrégation en économétrie, Publications de l'Institut de Science de l'Université de Paris, Vol. II, Fasc. 4, Paris 1953.

aus ihr zu bildenden dreireihigen Determinanten gleich Null sind[21]:

$$\begin{bmatrix} \left[\dfrac{\partial G}{\partial x_{1\varkappa}}\dfrac{\partial x_{1\alpha}}{\partial x_{i\varkappa}} + \dfrac{\partial G}{\partial x_{i\varkappa}}\right] & 0 & 0 \\ \left[\dfrac{\partial G}{\partial x_{1\varkappa}}\dfrac{\partial x_{1\alpha}}{\partial n_{i\varkappa}}\right] & \left[\dfrac{\partial H}{\partial n_{i\varkappa}}\right] & 0 \\ \left[\dfrac{\partial G}{\partial x_{1\varkappa}}\dfrac{\partial x_{1\varkappa}}{\partial z_{i\varkappa}}\right] & 0 & \left[\dfrac{\partial I}{\partial z_{i\varkappa}}\right] \end{bmatrix}$$

Die hieraus im einzelnen folgenden Bedingungen lassen sich aus der Beziehung (4) zusammen mit den Gleichungen (2) und (3) auch unmittelbar ableiten:

Damit eine Makrofunktion existiert, damit also

(4) $\quad\quad\quad\quad \Phi(X, N, Z) = 0$

gilt, identisch in allen Variablen $x_{2\alpha} \ldots x_{m\alpha}$, $n_{1\alpha} \ldots n_{r\alpha}$, $z_{1\alpha} \ldots z_{s\alpha}$ ($\alpha = 1 \ldots A$), müssen alle partiellen Ableitungen von Φ nach diesen Größen gleich Null sein. Wir differenzieren daher Φ der Reihe nach partiell nach $x_{i\alpha}$ ($i = 2 \ldots m$; $\alpha = 1 \ldots A$), $n_{i\alpha}$ ($i = 1 \ldots r$, $\alpha = 1 \ldots A$) und $z_{i\alpha}$ ($i = 1 \ldots s$, $\alpha = 1 \ldots A$), indem wir beachten, daß wegen der Ersetzung von $x_{1\alpha}$ durch die Relation (2) die Funktion G jetzt von allen unabhängigen Variablen, also auch von $n_{i\alpha}$ und $z_{i\varkappa}$ abhängt. Setzen wir diese partiellen Differentialquotienten gleich Null, so ergibt die Differentiation von (4) folgende Beziehungen:

(5) $\quad \dfrac{\partial x_{1\varkappa}}{\partial x_{i\varkappa}} = -\dfrac{\dfrac{\partial G}{\partial x_{i\alpha}}}{\dfrac{\partial G}{\partial x_{1\alpha}}}, \quad\quad \begin{array}{l} i = 2 \ldots m, \\ \alpha = 1 \ldots A. \end{array}$

(6) $\quad \dfrac{\dfrac{\partial x_{1\varkappa}}{\partial n_{i\alpha}}}{\dfrac{\partial x_{1\beta}}{\partial n_{j\beta}}} = \dfrac{\dfrac{\partial H}{\partial n_{i\varkappa}}}{\dfrac{\partial H}{\partial n_{j\beta}}} \cdot \dfrac{\dfrac{\partial G}{\partial x_{1\beta}}}{\dfrac{\partial G}{\partial x_{1\alpha}}}, \quad \begin{array}{l} i = 1 \ldots r, \\ j = 1 \ldots r, \\ \alpha = 1 \ldots A, \\ \beta = 1 \ldots A. \end{array}$

(7) $\quad \dfrac{\dfrac{\partial x_{1\alpha}}{\partial z_{i\alpha}}}{\dfrac{\partial x_{1\beta}}{\partial z_{j\beta}}} = \dfrac{\dfrac{\partial I}{\partial z_{i\varkappa}}}{\dfrac{\partial I}{\partial z_{j\beta}}} \cdot \dfrac{\dfrac{\partial G}{\partial x_{1\beta}}}{\dfrac{\partial G}{\partial x_{1\alpha}}}, \quad \begin{array}{l} i = 1 \ldots s, \\ j = 1 \ldots s, \\ \alpha = 1 \ldots A, \\ \beta = 1 \ldots A. \end{array}$

Die Aggregate X, N und Z müssen also so gewählt werden, daß die Funktionen G, H und I den obigen Beziehungen genügen.

---

[21] Jedes Element dieser Matrix ist ein Spaltenvektor; die Vektoren der ersten Zeile bestehen aus A (m—1) Elementen (i = 2 .. m, α = 1 .. A), die der zweiten Zeile aus rA Elementen (i = 1 ... r, α = 1 ... A) und die der dritten Zeile aus sA Elementen (i = 1 ... s, α = 1 ... A).

Die Gleichungen (5) bis (7) stellen ein System von partiellen Differentialgleichungen dar. Nataf hat dieses System im einzelnen diskutiert[22] und kommt zu folgendem Ergebnis: Gesucht waren Indizes X, N und Z, die den Gleichungen (3) genügen, die also jeweils nur von den entsprechenden Mikrovariablen abhängen und die außerdem die Bedingungen (5) bis (7) erfüllen. Solche Indizes existieren dann und nur dann, wenn die mikroökonomischen Produktionsfunktionen eine ganz bestimmte Form haben: Sie müssen sich aufspalten lassen in eine Summe von drei Funktionen, von denen die erste nur von den Ausbringungsmengen (den $x_{i\alpha}$); die zweite nur vom Arbeitseinsatz (den $n_{i\alpha}$) und die dritte nur vom Kapitaleinsatz (den $z_{i\alpha}$) abhängt[23].

Die Diskussion führt also zu Einschränkungen für die Form der mikroökonomischen Produktionsfunktionen, und es ist nicht ohne weiteres gesagt, daß diese Bedingungen ökonomisch akzeptierbar sind. Es handelte sich in diesem Beispiel um einen sehr allgemeinen Aggregationsansatz, und es leuchtet unmittelbar ein, daß damit die Möglichkeiten einer Deduktion von Makrofunktionen aus einem Mikrosystem bei formal analogen Problemstellungen ebenfalls sehr begrenzt werden[24].

2. Ein Beispiel André Natafs aus der Wahlhandlungstheorie

Zu einem ähnlich negativen — weil ökonomisch nicht a priori gerechtfertigten — Ergebnis kommt Nataf bei der Diskussion eines Problems der Theorie des Konsumentenverhaltens, das uns in der Fragestellung näher liegt als das vorige Beispiel und das deshalb ebenfalls noch dargestellt werden soll[25].

Es handelt sich dabei um die Nachfrage nach einem Gut in Abhängigkeit vom Konsumenteneinkommen: Jeder Konsument fragt eine bestimmte Mengenkombination von n Gütern nach, die von seinem Einkommen abhängt. Es gibt also für jedes der n Güter eine Reihe individueller Nachfragefunktionen:

(1)
$$\begin{aligned} x_{1j} &= f_{1j}(y_j) \\ x_{2j} &= f_{2j}(y_j) \\ &\cdots \\ x_{nj} &= f_{nj}(y_j) \end{aligned} \qquad j = 1 \ldots m$$

---

[22] A. *Nataf*, Sur des questions d'agrégation en économétrie, a.a.O., S. 11 ff.
[23] A. *Nataf*, Sur des questions d'agrégation en économétrie, a.a.O., S. 18.
[24] Vgl. zur Diskussion des Kleinschen Beispiels ferner: K. *May*, „The Aggregation Problem for a One-Industry Model"; Shou Shan *Pu*, „A Note on Macroeconomics"; L. R. *Klein*, „Remarks on the Theory of Aggregation", sämtl. Econometrica, Vol. 14, 1946; K. *May*, „Technological Change and Aggregation", Econometrica, Vol. 15, 1947.
[25] A. *Nataf*, „Possibilité d'agrégation dans le cadre de la théorie des choix", Metroeconomica, Vol. 5, 1953; ders., Sur des questions d'agrégation en économétrie, a.a.O., S. 20 ff. (Unsere Darstellungsform weicht allerdings von der Beweisführung Natafs insofern ab, als dieser sich nicht algebraischer, sondern geometrischer Methoden bedient.)

74   Ergebnisse der Diskussion von Aggregationsproblemen

x_{ij} ist die vom j-ten Konsumenten nachgefragte Menge des Gutes i; sie ist eine bestimmte Funktion f_{ij} vom Einkommen y_j dieses Konsumenten.

Die Gesamtnachfrage nach jedem Gut ist die Summe der individuellen Nachfragen, also

(2) $\qquad X_i = \sum\limits_{j=1}^{m} f_{ij}(y_j), \quad i = 1,\ldots,n.$

Sie ist abhängig von allen individuellen Einkommen:

(3) $\qquad X_i = F_i(y_1, y_2 \ldots y_m), \quad i = 1 \ldots n.$

Es wird nun danach gefragt, unter welchen Bedingungen die Gesamtnachfrage X_i für das Gut i sich darstellen läßt als Funktion des Gesamteinkommens Y und nicht als Funktion aller einzelnen Einkommen, wobei

(4) $\qquad Y = \sum\limits_{j=1}^{m} y_j.$

Gesucht ist also für jedes Gut eine Funktion von der Form

(5) $\qquad X_i = \Phi_i(Y), \quad i = 1, \ldots, n,$

und gefragt wird: Wann läßt sich (2) in der Form (5) schreiben?

Führen wir zunächst das Gesamteinkommen als Variable in (3) ein, indem wir etwa y_1 durch Y und die übrigen y_j (j = 2 ... m) ausdrücken. Nach (4) ist

(6) $\qquad y_1 = Y - y_2 - y_3 - \ldots - y_m,$

so daß wir für (3) schreiben können

(7) $\quad X_i = F_i(Y - y_2 - \ldots - y_m, y_2 \ldots y_m) = G_i(Y, y_2 \ldots y_m), \quad i = 1 \ldots n.$

Diese Funktionen sollen aber nur von Y und nicht von $y_2 \ldots y_m$ abhängen. Das bedeutet, daß sämtliche partiellen Ableitungen von G_i nach $y_2 \ldots y_m$ gleich Null sein müssen.

(8) $\qquad \dfrac{\partial G_i}{\partial y_2} = \dfrac{\partial G_i}{\partial y_3} = \ldots = \dfrac{\partial G_i}{\partial y_m} = 0, \quad i = 1, \ldots, n.$

Da die Funktionen $G_i(Y, y_2, \ldots, y_m)$ durch die Ersetzung von y_1 — entsprechend der Beziehung (6) — aus (2) hervorgehen, bedeutet die Bedingung (8), daß wir die ursprünglichen Gesamtnachfragefunktionen (2) nach $y_2 \ldots y_m$ differenzieren müssen und die Ableitungen gleich Null zu setzen haben. Dabei hängen jetzt die f_{i1} nicht mehr von y_1, sondern vermöge (6) von allen $y_2 \ldots y_m$ und von Y ab.

Differenzieren wir das System (2) nach einem beliebigen y_k, so ergibt sich

Ein Beispiel André Natafs aus der Wahlhandlungstheorie

(9) $$\frac{\partial X_i}{\partial y_k} = \frac{df_{i1}}{dy_1} \frac{\partial y_1}{\partial y_k} + \frac{df_{ik}}{dy_k}, \quad \begin{array}{l} i = 1, \ldots, n, \\ k = 2, \ldots, m, \end{array}$$

und wegen

(6) $$y_1 = Y - y_2 - \ldots - y_k - \ldots - y_m$$

gilt

(10) $$\frac{\partial y_1}{\partial y_k} = -1, \quad k = 2, \ldots, m.$$

Die Forderung (8) läßt sich somit als Bedingung für die individuellen Nachfragefunktionen schreiben:

(11) $$-\frac{df_{i1}}{dy_1} + \frac{df_{ik}}{dy_k} = 0, \quad \begin{array}{l} i = 1, \ldots, n, \\ k = 2, \ldots, m, \end{array}$$

oder

(12) $$\frac{df_{ik}}{dy_k} = \frac{df_{i1}}{dy_1}, \quad \begin{array}{l} i = 1, \ldots, n, \\ k = 2, \ldots, m. \end{array}$$

Da das für alle $k = 2 \ldots m$ gilt, können wir folgern

(13) $$\frac{df_{i1}}{dy_1} = \frac{df_{i2}}{dy_2} = \ldots = \frac{df_{im}}{dy_m}, \quad i = 1, \ldots, n,$$

Die individuellen Einkommen y_k können als voneinander unabhängig angenommen werden; deshalb kann (13) nur erfüllt sein, wenn alle df_{ij}/dy_j ($j = 1 \ldots m$) für ein bestimmtes Gut gleich einer Konstanten sind[26]:

(14) $$\frac{df_{i1}}{dy_1} = \frac{df_{i2}}{dy_2} = \ldots = \frac{df_{im}}{dy_m} = a_i, \quad i = 1, \ldots, n.$$

Aus (14) folgt durch Integration

(15) $$f_i(y_j) = a_i y_j + b_{ij} \qquad \begin{array}{l} j = 1 \ldots m \\ b_{ij} = \text{const.} \end{array} \qquad i = 1 \ldots n$$

Das Gleichungssystem (15) stellt die Gesamtheit der individuellen Nachfragefunktionen von m Konsumenten für n Güter dar. Jede dieser Nachfragefunktionen ist eine Gerade mit dem Anstieg a_i.

Man sieht sofort, daß die Nachfragefunktionen aller Konsumenten für ein bestimmtes Gut den gleichen Anstieg haben — a_i ist unabhängig

---

[26] Sind z. B. zwei Funktionen $f(u)$ und $g(v)$ gegeben, die von verschiedenen Variablen abhängen, und soll sein
$$f(u) = g(v) \text{ für alle } u \text{ und } v,$$
so ist
$$\frac{df}{du} = \frac{dg(v)}{du} = 0 \text{ und } \frac{df(u)}{dv} = \frac{dg}{dv} = 0,$$
weil g nicht von u und f nicht von v abhängt. Daraus folgt durch Integration, daß $f(u) = g(v)$ nur erfüllt sein kann, wenn beide Funktionen gleich einer, und zwar gleich derselben Konstanten sind.

von j — und sich nur durch die Konstanten b_{ij} unterscheiden: Die Nachfragefunktionen der verschiedenen Konsumenten für das gleiche Gut sind einander parallele Geraden!

Diese Aussage läßt Folgerungen auch für die Indifferenzkurvensysteme der einzelnen Konsumenten zu: Die Beziehungen (1) bzw. (15) sind sogenannte Engelsche Kurven, welche die Nachfragemenge eines bestimmten Gutes in Abhängigkeit vom individuellen Einkommen darstellen. Man erhält sie bekanntlich in der geometrischen Darstellung mit Hilfe von Indifferenzkurven und Bilanzgeraden, indem man die Bilanzgeraden entsprechend der Einkommensänderung parallel verschiebt und die Gleichgewichtspunkte (die Tangentialpunkte der Bilanzgeraden mit den Indifferenzlinien) miteinander verbindet[27].

Die Beziehungen (15) sagen nun zunächst aus, daß diese Engelschen Kurven Geraden sind. Damit dies der Fall ist, müssen also die individuellen Indifferenzkurvensysteme eine ganz bestimmte Form haben. Darüber hinaus besagt aber (15), daß die Engelschen Kurven verschiedener Konsumenten für das gleiche Gut einander parallel sind. Daraus folgt, daß auch die Indifferenzkurvensysteme aller Konsumenten gewisse Eigenschaften miteinander gemeinsam haben müssen.

Die ökonomische Bedeutung dieser Ableitung ist hier noch schneller übersehbar als im vorigen Beispiel: Macht man keine Voraussetzung über die Einkommensverteilung oder über die individuellen Bedarfsstrukturen, so entspricht nur in ganz speziellen Fällen den individuellen Nachfragefunktionen eine eindeutige Makrofunktion, die als Variable die Summe der Mikrovariablen enthält. Die Bedingungen für diese Spezialfälle aber sind — wenigstens a priori — ökonomisch keineswegs gerechtfertigt.

3. Ein Grundproblem der Aggregation und das Condorcet-Paradox

In jedem der untersuchten Beispiele ergaben sich Beschränkungen für die Form der Mikrofunktionen, wenn die Makrofunktionen formal ähnlich wie die Mikrofunktionen konstruiert werden sollen. Ob die Parameter der Mikrofunktionen diese Bedingungen erfüllen, ist a priori schwer zu entscheiden, nicht zuletzt deshalb, weil die Mikrotheorie fast durchweg nur in ganz genereller Form gegeben ist und wenig detaillierte Aussagen über die Gestalt ihrer Funktionen macht. Soweit man für das Mikrosystem nicht auf empirische Daten zurückgreifen kann, läßt sich in vielen Fällen nur sagen, ob die sich ergebenden Beschränkungen von ökonomischen Gesichtspunkten her plausibel erscheinen oder nicht. Nach Natafs Meinung haben deshalb die angeführten Beispiele hauptsächlich den Vorteil, zu zeigen, daß die Suche

---

[27] Vgl. John R. *Hicks*, Value and Capital, a.a.O., S. 27 ff.

Ein Grundproblem der Aggregation und das Condorcet-Paradox 77

nach Makrorelationen von der gleichen Form wie die Mikrorelationen logisch durch nichts zu begründen ist[28].

Das allen diesen Versuchen zugrunde liegende Aggregationsproblem zeigt am deutlichsten wohl der Beitrag Guilbauds[29]. Dieses „typische" Aggregationsproblem lautet: Ist es möglich, eine Vielzahl beliebiger (ökonomischer oder anderer) Größen so auf eine kleine Zahl „repräsentativer" Größen (etwa Summen oder Durchschnittswerte) zu reduzieren, daß das reduzierte System vom gleichen Typ ist wie das ursprüngliche? Anders ausgedrückt: Kann man vom Mikromodell auf beliebigem Wege ein Makromodell konstruieren, ohne daß dieses Relationen und Aussagen enthält, die im Mikromodell „nicht zugelassen", mit diesem inkonsistent sind? Führt die Aggregation unter Umständen aus der Menge der Grundelemente heraus[30]?

Ein einfaches Beispiel dafür, daß das Problem keineswegs auf ökonomische Fragen beschränkt ist, ergibt sich auf folgende Weise: Ein aus einer Reihe ganzer Zahlen bestehendes System soll auf ein kleineres System reduziert werden. Wählt man als Aggregationsmethode die Addition, so enthält das reduzierte System wieder nur ganze Zahlen; die Summe von ganzen Zahlen ist selbst auch immer eine ganze Zahl. Nimmt man aber als Aggregationsmethode die Mittelwertbildung, so ist das nicht mehr der Fall, denn das arithmetische Mittel von ganzen Zahlen ist unter Umständen keine ganze Zahl. Die Mittelwertbildung führt also aus der Menge der Grundelemente heraus. Sie führt zu Relationen, die es im Mikrosystem nicht gibt[31].

Betrachtet man das Grundproblem der Aggregation unter diesem Aspekt, so läßt sich auch das von Arrow[32] angeführte und von Guilbaud[33] eingehender untersuchte „Condorcet-Paradox" leicht einordnen. Es handelt sich dabei um folgendes: Drei Wähler haben über drei Alternativen A, B und C in der Weise abzustimmen, daß sie für jeweils zwei Alternativen angeben, welche davon sie vor der anderen bevorzugen. Dabei wird — wie üblich — Konsistenz ihrer individuellen Entscheidungen in dem Sinne angenommen, daß die individuellen Rangordnungen transitiv sind: Wenn A vor B rangiert und B vor C, so soll auch A vor C rangieren. Gesucht ist eine kollektive Rangordnung der Alternativen A, B und C, die aus den individuellen Präferenzt-

---

[28] A. *Nataf*, Sur des questions d'agrégation en économétrie, a.a.O., S. 26.
[29] G. Th. *Guilbaud*, „Les théories de l'intérêt général et le problème logique de l'agrégation", Ec. Appl., Vol. 5, 1952.
[30] G. Th. *Guilbaud*, a.a.O., S. 534.
[31] G. Th. *Guilbaud*, a.a.O., S. 532.
[32] K. J. *Arrow*, Social Choice and Individual Values, New York—London 1951.
[33] G. Th. *Guilbaud*, a.a.O., S. 507 ff.

scheidungen durch ein einfaches Majoritätskriterium konstruiert werden soll[34].

Haben wir nun aber folgende individuelle Rangordnungen:

1. Wähler: $A > B$, $B > C$, also $A > C$,
2. Wähler: $B > C$, $C > A$, also $B > A$,
3. Wähler: $C > A$, $A > B$, also $C > B$,

so ergibt sich für die kollektive Anordnung der Alternativen A und C beim Auszählen der Stimmen ein Paradox: Für $A > B$ ergeben sich zwei Stimmen, ebenso für $B > C$; also müßte nach dem Transitivitätspostulat auch $A > C$ gelten. Vergleicht man aber die Alternativen A und C direkt in den individuellen Präferenzsystemen, so ergeben sich ebenfalls zwei Stimmen für $C > A$! Das Majoritätskriterium (als Aggregationsmethode) liefert kein eindeutiges Ergebnis, wenn man für die kollektive Rangordnung (das „Makrosystem") am Transitivitätspostulat festhält[35/36].

Daß die Intransitivität der „aggregierten" Präferenzen als Inkonsistenz aufgefaßt wird, hat also seinen Grund lediglich darin, daß man für den Makro-„Raum" analoge Eigenschaften wie für den Mikro-„Raum" postuliert. Eine Konsistenz in diesem Sinne läßt sich zwar, wie Beispiele Guilbauds und auch Natafs zeigen, auf irgendeine Weise erreichen, man muß dann nur Beschränkungen der Allgemeinheit in Kauf nehmen, Beschränkungen für die Mikrorelationen, die Makrorelationen oder auch die Aggregate. Insofern gibt es keine allgemeingültige Lösung „des" Aggregationsproblems, die Möglichkeiten der Aggregation hängen vielmehr in jedem einzelnen Fall davon ab, welche Eigenschaften man für die zu konstruierenden Modelle fordert[37].

---

[34] K. J. *Arrow*, Social Choice and Individual Values, a.a.O., S. 2: „... we ask if it is formally possible to construct a procedure for passing from a set of known individual tastes to a pattern of social decision-making, the procedure in question being required to satisfy certain natural conditions.... A natural way of arriving at the collective preference scale would be to say that one alternative is preferred to another if a majority of the community prefer the first alternative to the second ..."

[35] Kenneth J. *Arrow*, Social Choice and Individual Values, a.a.O., S. 3: „... the method just outlined for passing from individual to collective tastes fails to satisfy the condition of rationality, as we ordinarily understand it."

[36] *Arrow* (a.a.O.) untersuchte die Konsequenzen dieses Ergebnisses für das Gebiet der Welfare Economics. Vgl. hierzu auch *Guilbaud* (a.a.O.), der außerdem die Wahrscheinlichkeit für das Eintreffen derartiger Inkonsistenzen untersuchte. May hat darauf hingewiesen, daß die Bedeutung des beschriebenen Phänomens wesentlich zunimmt, sofern bereits die individuellen Präferenzen unter Umständen intransitiv sind. Vgl. Kenneth *May*, Intransitivity, Utility, and the Aggregation of Preference Patterns", Econometrica, Vol. 22, 1954.

[37] Vgl. hierzu auch Eberhard *Fels*, „Maß und Richtung: Zur Aggregation dreiwertiger Signalkonstellationen im Ifo-Konjunkturtestverfahren", Statistische Vierteljahresschrift, Bd. 7, 1954.

3. Kapitel

Weitere Probleme der Aggregation und neuere Lösungsansätze

1. Die Interpretation makroökonomischer Verhaltensgleichungen

Wie wir gesehen haben, handelt es sich bei Aggregationsproblemen zunächst einmal darum, auf mathematischem Wege zu prüfen, ob die für Mikro- und Makrosystem gesetzten Annahmen miteinander vereinbar sind und wie sie vereinbar gemacht werden können. Eine andere Frage ist dann die Entscheidung über die ökonomische Bedeutung der Ergebnisse.

So kann man sich etwa fragen, ob es ökonomisch sinnvoll sei, in der Makrotheorie mit Indexzahlen zu arbeiten, die mit den üblicherweise interessierenden Konzepten Volkseinkommen, Gesamtbeschäftigung, Konsum oder Investition nicht identisch sind, oder ob nur diese Größen selbst als Makrovariable in Frage kommen[38]. Das würde dann bedeuten, daß die Aggregate grundsätzlich die Summen der entsprechenden Mikrovariablen zu sein hätten. Ein anderes Problem, das uns im Hinblick auf die Konsumfunktion besonders interessiert, ist die Interpretation makroökonomischer Verhaltensgleichungen. Was für einen Sinn kann es haben, von einem „Verhalten der Gesamtheit der Konsumenten" zu sprechen?

Wie Nyblén zu Recht hervorhebt, ist die mit einer Aggregation verbundene Zusammenfassung der Wirtschaftssubjekte rein formal; es soll damit nicht ausgedrückt werden, daß sich die Zahl der disponierenden Wirtschaftssubjekte entsprechend vermindere[39]. Makroökonomische Verhaltensgleichungen sind im allgemeinen nicht in dem Sinne als etwas Unteilbares aufzufassen, daß sie die Entscheidungen einer Koalition oder allgemeiner eines Kollektivs mit einem einheitlichen Interesse beschreiben, etwa einer Gewerkschaft oder eines Konsumentenverbandes. Und noch unter einem anderen Aspekt wären makroökonomische Verhaltensgleichungen als unteilbar anzusehen, dann nämlich, wenn sie eine echte Resultante der individuellen Dispositionen darstellten. Das würde bedeuten, daß man zunächst annimmt, alle Wirtschaftssubjekte handelten — unabhängig voneinander — nach ihren individuellen Plänen. Sind diese Pläne miteinander inkonsistent, so

---

[38] Vgl. den Einwand von Shou Shan *Pu* („A Note on Macroeconomics", a.a.O., S. 299 f.) gegen das Kleinsche Modell und die Entgegnung Kleins (Lawrence R. *Klein* „Remarks on the Theory of Aggregation", a.a.O., S. 310 f.).

[39] Göran *Nyblén*, The Problem of Summation in Economic Science, Lund 1951, S. 58.

wäre das Ergebnis ein (ungewollter) Kompromiß, der dann durch die Makrofunktion beschrieben wird[40].

Beide Interpretationen treffen für die herkömmlichen Makromodelle nicht zu, bei deren Konstruktion man sich um diese Fragen nicht weiter kümmert. Man versucht vielmehr nur, mit makroökonomischen Verhaltensgleichungen für die Vielzahl der individuellen ökonomischen Dispositionen einen Gesamtausdruck zu finden, ohne alle Einzelrelationen explizit berücksichtigen zu müssen. Das führe dann, wie Theil in diesem Zusammenhang betont, gar nicht zu „echten" Makrotheorien, und die meisten Makrotheorien seien im Grunde Mikrotheorien, deren Variable in die „Makrosprache" übersetzt würden[41]. Man kann sogar noch einen Schritt weitergehen und feststellen, daß explizite Mikrotheorien den Makrotheorien im allgemeinen überhaupt nicht zugrunde liegen: Wenn zur Erklärung von Makrofunktionen mit dem individuellen Verhalten argumentiert wird, so geschieht das meistens mit Aussagen über Durchschnittsgesetzmäßigkeiten — wie etwa im Falle des „psychologischen Gesetzes" —, von denen ohnehin nicht angenommen wird, daß sie für jedes Individuum gelten.

Nur begrenzt richtig ist deshalb auch Mays Kritik[42] an der Hicksschen Behauptung, das Verhalten einer Gruppe von Individuen folge denselben Gesetzen wie das Verhalten des einzelnen[43]. Hicks fährt nämlich fort: „... the laws of market behaviour which we have laboriously elaborated for those tenuous creatures, the *representative* individual and the *representative* firm, thus become revealed 'in their own dimensions like themselves' as laws of the behaviour of great groups of economic units from which we can readily evolve the laws of their interconnexions..."[44].

In diesem Falle nämlich hat die von May beanstandete Folgerung ihre Berechtigung. Denn eine „Mikro"-Theorie, die von einem repräsentativen Wirtschaftssubjekt ausgeht, legt ein Durchschnittsverhalten zugrunde, das sich ohne weiteres auf die betrachteten Gruppen insgesamt übertragen läßt und die entsprechenden Makrorelationen begründet[45].

---

[40] In ähnlichem Sinne argumentiert *Guilbaud* für den Fall einer „Social Welfare Function" und die Möglichkeiten ihrer Zurückführung auf individuelle Präferenzen und Wertsysteme. Vgl. G. Th. *Guilbaud*, „Les théories de l'intérêt général et le problème logique de l'agrégation", a.a.O., S. 583. Vgl. hierzu ferner auch Göran *Nyblén*, a.a.O., S. 59 ff.
[41] H. *Theil*, Linear Aggregation of Economic Relations, a.a.O., S. 177.
[42] K. *May*, „Technological Change and Aggregation", a.a.O., S. 59.
[43] John R. *Hicks*, Value and Capital, a.a.O., S. 245.
[44] John R. *Hicks*, Value and Capital, a.a.O., S 245 (im Original keine Hervorhebungen).
[45] Mosak allerdings faßt das Anliegen der Mikrotheorie anders auf: „It deals with ... the *individual* consumer, the individual firm, and the individual commodity, rather than with the *representative* consumer, the repre-

Makroökonomische Verhaltensgleichungen stellen also — um das noch einmal zu wiederholen — üblicherweise statistische Gesetzmäßigkeiten über das Verhalten einer bestimmten Gruppe individuell disponierender Wirtschaftssubjekte dar. Der Vorwurf Theils gegen die gebräuchliche Methodik bei der Konstruktion von Makromodellen richtet sich also im Grunde gegen diese Art der Durchschnittsrechnung. Sein Einwand läuft dann auf die Frage hinaus: Inwieweit ist die Makrotheorie berechtigt, von einem derartig einheitlichen (homogenen) Verhalten der jeweils betrachteten Gesamtheit von Wirtschaftssubjekten auszugehen?

2. „Vollkommene" und „optimale" Aggregation

Von dieser Art sind die üblichen Einwände gegen die Makrotheorie. Sie werden ganz unabhängig von der Forderung nach Einheitlichkeit der Wirtschaftstheorie geäußert und richten sich in erster Linie gegen die Zweckmäßigkeit und den Erkenntniswert von Aggregaten und Durchschnittsgrößen überhaupt. So wird beispielsweise immer wieder betont, daß Relationen zwischen Makrogrößen unter Umständen instabil seien, weil sie die Heterogenität der aggregierten Größen notwendigerweise vernachlässigten[46]. „Instabilität" heißt in diesem Zusammenhang: Die postulierte funktionale Beziehung zwischen bestimmten ökonomischen Variablen wird durch Faktoren gestört, die nicht explizit berücksichtigt wurden[47]. Beispielsweise können bei unterschiedlicher Einkommensverteilung dem gleichen Gesamteinkommen unterschiedliche Werte des Gesamtkonsums entsprechen. Zwischen Gesamteinkommen und Gesamtkonsum besteht dann gar keine Funktion, die Konsumfunktion $C = C(Y)$ wäre in bezug auf Änderungen der Einkommensverteilung instabil[48].

---

sentative producer, and the representative commodity." (Jacob L. *Mosak*, General-Equilibrium Theory in International Trade, a.a.O., S. 2. Hervorhebung im Original.)

[46] Vgl. z. B. Oskar *Morgenstern*, „Demand Theory Reconsidered", a.a.O., S. 176; Kenneth E. *Boulding*, „Samuelson's Foundations: The Role of Mathematics in Economics", Jl. Pol. Ec., Vol. 56, 1948; ders., A Reconstruction of Economics, New York—London 1950, S. 175; Hans *Mayer*, „J. M. Keynes' ‚Neubegründung' der Wirtschaftstheorie", in Wirtschaftliche Entwicklung und soziale Ordnung, hgg. von E. *Lagler* und J. *Messner*, Wien 1952, S. 50 f.

[47] Zum Begriff der Stabilität ökonomischer Funktionen vgl. z. B. James S. *Duesenberry*, Income, Saving, and the Theory of Consumer Behavior, a.a.O., S. 71 ff.; Trygve *Haavelmo*, The Probability Approach in Econometrics, a.a.O., S. 13 und S. 26 ff.

[48] Nehmen wir z. B. an, wir hätten eine makroökonomische Konsumfunktion der Form $C = aY$, die aber in Wirklichkeit das Aggregat zweier Funktionen $c_1 = a_1 y_1$ und $c_2 = a_2 y_2$ ist. Die Summe dieser individuellen Funktionen $C^* = a_1 y_1 + a_2 y_2$ läßt sich mit $y_1 + y_2 = Y$ umformulieren zu

$$C^* = \frac{a_1 y_1 + a_2 y_2}{y_1 + y_2} Y,$$

Der Grad der Heterogenität der Makrogrößen hängt natürlich von den Eigenschaften des zugrunde liegenden Mikrosystems ab; im obigen Beispiel von der Einkommensschichtung und ihrer Veränderung sowie von den individuellen Konsumfunktionen. Nur wenn diese Eigenschaften im einzelnen bekannt sind, läßt sich der Einfluß von Änderungen der Mikrogrößen auf die Makrogrößen abschätzen. Daß auf verschiedene Weise konstruierte Makromodelle bei gleichem Mikrosystem zu unterschiedlichen Aussagen führen, haben z. B. Balderston und Whitin an Hand von Input-Output-Modellen gezeigt[49]. Sie reduzierten ein ursprünglich achtzehn Industrien umfassendes Modell auf acht Industrien, und zwar auf drei verschiedene Arten. Dabei ergaben sich nicht nur Differenzen zwischen den Resultaten des detaillierten Modells und denen der reduzierten Systeme, sondern auch die reduzierten Systeme selbst lieferten unterschiedliche numerische Werte für Koeffizienten, die in allen Modellen die gleiche ökonomische Bedeutung hatten.

Erforderlich wäre in diesen Fällen ein Kriterium, das die beste Aggregationsmethode zu bestimmen erlaubte, „beste" in dem Sinne, daß sich die für das Makromodell wesentlichen Änderungen der Mikrogrößen auch in den aggregierten Relationen ausdrücken. Das Dilemma, vor dem man hier steht, ist das gleiche für alle Aggregationsprobleme: „Vollkommene" Aggregation setzt Kenntnisse über die individuellen Variablen und Parameter und ihre Relationen voraus, die im allgemeinen nicht vorhanden sind, und fordert die Berücksichtigung dieses Mikrosystems auch in den Makrogrößen in einer Weise, die einem gesamtwirtschaftlichen Ansatz à la Walras um nicht viel nachsteht und die den ganzen Zweck der Aggregation hinfällig machen würde.

Die Konsequenz dieser Überlegung für die Entwicklung von Makromodellen ist ein Kompromiß: Das Arbeiten mit Makrogrößen hat vornehmlich den Zweck, möglichst einfache und unkomplizierte Modelle zu gewinnen. Daß die verwendeten Aggregate heterogen sind, läßt sich dabei nicht völlig ausschalten, und insofern hat man sich damit abzufinden, daß Makromodelle ihrer Natur nach weniger Erkenntnisse als detaillierte Mikromodelle vermitteln. Welche Erkenntnisse „wesentlich" sind und inwieweit ein spezielles Modell sie zu liefern

---

so daß wir den Koeffizienten a in der aggregierten Gleichung als einen gewogenen Mittelwert der individuellen a_i zu betrachten haben, gewogen mit den Anteilen der individuellen Einkommen am Gesamteinkommen Y. Ändern sich die individuellen Einkommen nicht proportional zu Y, so ergeben sich aus den beiden Gleichungen bei gleichem Y verschiedene Werte für C und C*, da man im ersten Fall mit einem konstanten Grenzhang zum Verbrauch rechnet, während er sich in Wirklichkeit wegen der unterschiedlichen Einkommensverteilung verändert hat.

[49] J. B. *Balderston* and T. M. *Whitin*, „Aggregation in the Input-Output-Model", in Economic Activity Analysis, Oskar *Morgenstern*, Editor, New York—London 1954.

vermag, hängt ausschließlich von der Fragestellung ab. Damit aber bestimmt sich auch der Grad der Aggregation und die Aggregationsmethode allein durch Zweckmäßigkeitserwägungen. Das Ziel wird dann nicht mehr *vollkommene*, sondern *optimale* Aggregation sein. Man nimmt einen gewissen Informationsverlust beim Arbeiten mit Makromodellen von vornherein in Kauf und versucht nur, ihn möglichst klein zu halten[50]. Es gilt hier, einen Mittelweg zu finden zwischen der Notwendigkeit, viele Größen explizit zu berücksichtigen, und dem Bestreben, mit einem möglichst unkomplizierten Modell arbeiten zu können. Die hier auftauchende Schwierigkeit, ein allgemeines Kriterium zu finden, das für Makromodelle einen Vergleich zwischen dem Gewinn an Einfachheit und dem Verlust an Präzision erlaubt, versucht man neuerdings mit Hilfe einer Verbindung der Aggregationstheorie mit der Theorie statistischer Schätzverfahren und der Theorie der statistical decision functions zu überwinden. Wir können auf diese neuere Entwicklung hier nur andeutungsweise eingehen.

Man geht davon aus, daß jedes Modell Informationen vermittelt, die einen bestimmten „Wert" oder „Nutzen" haben, etwa als Grundlage irgendeiner Entscheidung, sei es über wirtschaftspolitische Maßnahmen oder auch — bei einem ökonometrischen Test — über die Richtigkeit einer im Modell unterstellten Hypothese. Andererseits verursacht die Beschaffung dieser Information Kosten, z. B. infolge von Rechenarbeit und Befragungen, und zwar desto mehr, je detaillierter das Modell ist. Optimale Aggregation liegt unter diesem Aspekt dann vor, wenn der zusätzliche Wert weitergehender Information geringer wäre als die zusätzlichen Kosten bei ihrer Beschaffung[51].

Übernehmen wir den Ansatz Hurwicz[52], so kommen wir zu folgender Formulierung: Das Makromodell M liefert die Information M, von der die Entscheidung d abhängig gemacht wird:

$$d = \delta (M),$$

δ ist die Entscheidungsfunktion. Der nach Abzug der Kosten verbleibende Nutzen dieser Entscheidung wird von mehreren Größen bestimmt. Er ist abhängig von der Aggregationsmethode μ, durch die Mikromodell m und Makromodell M verbunden sind [$M = \mu (m)$], denn sie bestimmt den Umfang und die Kosten der Informations-

---

[50] Jacob *Marschak*, „Statistical Inference in Economics: An Introduction", in Statistical Inference in Dynamic Economic Models, T. C. *Koopmans*, Editor, New York—London 1950, S. 7.
[51] L. *Hurwicz*, „Aggregation in Macroeconomic Models", (Abstract), Econometrica, Vol. 20, 1952, S. 490. Vgl. auch E. *Malinvaud*, „L'agrégation dans les modèles économétriques", (Abstract), Econometrica, Vol. 22, 1954, der von „fonctions de perte" spricht, welche den durch eine bestimmte Aggregationsmethode verursachten Informationsverlust messen sollen.
[52] L. *Hurwicz*, a.a.O.

beschaffung. Ferner hängt der Nutzen von der Entscheidung d und damit von δ ab und schließlich noch von m, vom tatsächlichen Mikrosystem selbst. Aus dessen Eigenschaften nämlich ergibt sich der Aggregationsfehler, der die Zweckmäßigkeit von M für die Entscheidung d bestimmt. Wir haben also

$$u = u(\mu, \delta, m).$$

Wäre das Mikrosystem m im einzelnen bekannt, so könnte der Nutzen u in bezug auf μ und δ maximiert werden. Da aber m nicht bekannt ist, kann auch die Aggregationsmethode μ nicht rational (im Hinblick auf die jeweilige Fragestellung) gewählt werden. Deshalb muß man sich mit annäherungsweisen Lösungen behelfen, bei denen man etwa voraussetzt, die im einzelnen unbekannten Eigenschaften des Mikrosystems genügten einer bekannten Wahrscheinlichkeitsverteilung. Oder man weiß nur, daß das Mikromodell m zu einer bekannten Menge $\mathfrak{M}$ von Mikrosystemen gehört. Die auf diese Fälle anwendbaren Verfahren liefert dann die Theorie der statistischen Entscheidungsfunktionen, die hier jedoch nicht weiter behandelt werden kann[53].

Man ersieht aus diesen neueren Ansätzen, daß ein streng logischdeduktiver Übergang vom Mikrosystem zum Makrosystem hierbei nicht gefordert wird. Das ist ein Ergebnis der Überlegung, daß die Anforderungen, die an Mikro- und Makrotheorie gestellt werden, sehr voneinander verschieden sind, und daß Makromodelle vielfach zur Lösung von Fragestellungen dienen, bei denen es auf die genauen Eigenschaften des Mikrosystems nicht unbedingt ankommt. Man begnügt sich dann mit einem auf Zweckmäßigkeitserwägungen beruhenden Ansatz für die Makrorelationen, von denen man in diesem Fall auch nur approximative Ergebnisse erwartet[54].

Wir wollen hier unseren Überblick über die Diskussion von Aggregationsproblemen abbrechen, denn wir haben damit bereits genügend

---

[53] Vgl. hierzu etwa als grundlegendes Werk: Abraham *Wald*, Statistical Decision Functions, New York—London 1950, ferner L. J. *Savage*, „The Theory of Statistical Decision", Jl. of the Am. Stat. Ass., Vol. 46, 1951; Herman *Chernoff*, „Rational Selection of Decision Functions", Econometrica, Vol. 22, 1954; schließlich einführend: Irwin D. J. *Bross*, Design for Decision, New York 1953.

[54] Da insbesondere ökonometrisch geschätzte Funktionen unabhängig von jeder Aggregationsproblematik immer nur approximativ sein können, hält Wold es für überflüssig, den statistischen Fehler vom reinen Aggregationsfehler trennen zu wollen. Wenn es lediglich darauf ankomme, daß die makroökonomische Funktion für den gedachten Zweck hinreichend genau sei, spiele es keine Rolle, zu wissen, welcher Teil des Fehlers von Zufallsabweichungen und welcher von der Aggregation herrühre. Vgl. Herman *Wold*, „L'agrégation en économétrie: Discussion", (Abstract), Econometrica, Vol. 22. 1954, S. 115.

Anhaltspunkte gewonnen, um beurteilen zu können, welche Bedeutung einer mikroökonomischen Theorie des Konsumentenverhaltens für die Konsumfunktion und ihre Weiterentwicklung zukommen kann. Im folgenden abschließenden Kapitel sollen die Ergebnisse unserer gesamten bisherigen Untersuchung zusammengefaßt werden.

Ergebnisse der Diskussion für die Konsumfunktion und ihre Weiterentwicklung

1. Zusammenfassung der Ergebnisse

Unsere eingangs gestellte Frage lautete: Inwieweit kann man mit dem herkömmlichen wirtschaftstheoretischen Apparat eine den Zeitverlauf berücksichtigende Konsumfunktion erklären? Wir wollen hierauf nun an Hand unserer bisherigen Diskussion eine zusammenfassende Antwort zu geben versuchen, die gleichzeitig die Möglichkeiten einer weiteren Dynamisierung der Konsumfunktion aufzeigt.

Ausgehend von der statischen Konsumfunktion der Keynesschen „General Theory" betrachteten wir zunächst einige makroökonomische Modelle. Wir stellten dabei fest, daß man sich bei der theoretischen Diskussion der „General Theory" im Falle der Konsumfunktion auf eine Dynamisierung durch Einführung zeitlicher Verzögerungen beschränkte. Dem liegt als Hypothese über das Konsumentenverhalten zugrunde, daß die Anpassung der Konsumausgaben an Einkommensänderungen erst nach einer gewissen Zeit erfolgt. Aus der Weiterentwicklung des einfachen Robertsonschen „income-expenditure lag" ergab sich als allgemeine Form einer dynamischen Konsumfunktion

$$C_t = \alpha_1 Y_{t-1} + \alpha_2 Y_{t-2} + \ldots + \alpha_k Y_{t-k}.$$

Wie bei Keynes selbst wird nur das Einkommen explizit berücksichtigt, hier aber das Einkommen einer Reihe zurückliegender Zeitperioden, während der Einfluß anderer ökonomischer und außerökonomischer Variablen auf die Höhe der Konsumausgaben implizit durch die Parameter α_i mit erfaßt wird.

Diesen schon sehr allgemeinen Ansatz kann man nun aber allein theoretisch nicht mehr weiter diskutieren, denn über seine Zweckmäßigkeit für lang- oder kurzfristige Analysen und über die Art und Bedeutung der Verzögerungen oder die numerischen Werte der Parameter könnten bestenfalls empirische Untersuchungen Aufschluß geben.

Stattdessen schlugen wir in unseren Erörterungen einen anderen Weg ein und prüften, ob nicht vielleicht die mikroökonomische Theorie des Konsumentenverhaltens zur Erklärung der Gestalt einer dynamischen Konsumfunktion beitragen könnte. Denn die makroökonomische Konsumfunktion ist eine Verhaltensgleichung, die auf den individuellen Entscheidungen der Gesamtheit der Konsumenten beruht. Da die mikroökonomische Theorie versucht, die Handlungen der Wirtschaftssubjekte durch bestimmte ihnen zugrunde liegende Verhaltensprinzipien (Rationalprinzip) zu motivieren, war zu erwarten, daß auf diese Weise auch die Gestalt der Makrofunktion besser als bisher zu begründen wäre. Zudem entsprach dieses Vorgehen der allgemeinen Überlegung, daß das wissenschaftliche Ziel eine einheitliche und konsistente ökonomische Theorie sein müßte, die gleichzeitig Mikro- und Makrosystem umfaßt.

Bei der Untersuchung der Brauchbarkeit der Mikrotheorie für die Erklärung einer dynamischen Konsumfunktion stießen wir jedoch auf zweierlei Schwierigkeiten. Die erste war die Feststellung, daß die traditionelle Theorie des Konsumentenverhaltens statisch sei und aus diesem Grunde zunächst wenig sinnvoll zur Begründung einer dynamischen Konsumfunktion. Die Aussagen der Wahlhandlungstheorie beruhen darauf, daß das Rationalprinzip nur in bezug auf ein *konstantes* Präferenzsystem erklärt ist. Unsicherheit und unvollkommene Information der Konsumenten werden nicht berücksichtigt, und vor allem wird eine durch ihre Einführung notwendige Auseinandersetzung mit stetigen und mehr oder weniger systematischen Änderungen des Präferenzsystems durch die Annahme eines routinemäßigen Verhaltens während einer gewissen Planungsperiode umgangen.

Die Ableitung mikroökonomischer dynamischer Konsumfunktionen stößt deshalb auf erhebliche Probleme, wenn man allein das übliche Prinzip der Nutzenmaximierung beibehalten will. Natürlich bleibt immer der Weg, mikroökonomische dynamische Konsumfunktionen auf Grund möglichst plausibler Hypothesen unmittelbar einzuführen, ohne den Ansatz der Nutzenmaximierung zu berücksichtigen. In diesem Falle aber hätte man den traditionellen makroanalytischen Methoden nichts mehr voraus, und wenn das Ziel die Ableitung einer makroökonomischen Konsumfunktion sein soll, so fragt sich, ob man dann überhaupt noch den Umweg über die Mikrofunktionen machen sollte.

Jedoch muß eingeräumt werden, daß über eine dynamische Mikrotheorie des Konsumentenverhaltens sicher das letzte Wort noch nicht gesprochen ist und daß man etwa von der Theorie der „decision processes"[1] allgemeinere Ansätze für dynamische Verhaltensprinzipien erwarten könnte, die eine Umformulierung der traditionellen Gleichgewichtsbedingungen für den Konsumenten ermöglichen.

Während man in dieser Hinsicht also nicht völlig pessimistisch zu sein braucht und nur den Vorbehalt machen muß, daß es *noch* keine

---

[1] Vgl. hierzu R. M. *Thrall*, C. H. *Coombs* and R. L. *Davis*, Editors, Decision Processes, New York—London 1954; oder Irvin D. J. *Bross*, Design for Decision, a.a.O.

voll befriedigende dynamische Wahlhandlungstheorie gibt, muß jedoch eine weitere Schwierigkeit berücksichtigt werden, ehe gesagt werden kann, inwieweit die Mikrotheorie für die makroökonomische Konsumfunktion von Bedeutung ist, nämlich die Aggregationsproblematik.

An ihr scheitert im allgemeinen die direkte Übertragung von Aussagen einer mikroökonomischen Theorie des Konsumentenverhaltens auf die Makrofunktion. Ein Modell der Gesamtwirtschaft erhält man, von der Mikrotheorie ausgehend, zunächst nur in Form eines walrasianischen Gleichungssystems. Es ist um so unübersichtlicher und schwerfälliger, je komplizierter das Mikromodell selbst ist. Das aber macht — besonders bei dynamischen Betrachtungen — seine Anwendung auf gesamtwirtschaftliche Fragen wenn nicht unmöglich, so doch unzweckmäßig. Man ist daher gezwungen, mit Makromodellen zu arbeiten, die die Vielzahl der mikroökonomischen Variablen und Funktionen zu einigen wenigen zusammenfassen. Da es jedoch zu einem Mikromodell nicht nur ein einziges „zugehöriges" Makromodell gibt, muß man sich damit abfinden, daß seine Konstruktion einzig und allein von der jeweiligen Problemstellung abhängt, die im allgemeinen verschieden von derjenigen der Mikrotheorie ist.

Wenn somit die Entwicklung der Makrotheorie in erster Linie von Zweckmäßigkeitserwägungen bestimmt werden sollte, so hieße das, daß Erweiterungen und Änderungen der Fragestellung der Makrotheorie eine Weiterentwicklung der Makrofunktionen direkt erforderten. Das heißt aber nicht, daß man auf diese Weise die Aggregationsproblematik völlig umgehen könnte: Es läßt sich eben nicht ein für allemal und nur mit Hilfe der Makrotheorie entscheiden, welche Aggregationsmethode die „richtige" oder auch nur die zweckmäßigste und sinnvollste ist. Eine Entscheidung hierüber hängt vielmehr sehr wesentlich vom zugrunde liegenden Mikrosystem ab, denn seine Eigenschaften bestimmen letztlich, wie weit man bei speziellen Fragen mit Aggregaten arbeiten kann, die gegenüber Änderungen im Mikrosystem — Änderungen in der „Struktur" — unter Umständen invariant sind. Das ist das bekannte Problem der Konstruktion von Indexzahlen, die Änderungen der Mikrogrößen möglichst vollständig zum Ausdruck bringen sollen, ohne selbst alle Mikrorelationen erfassen zu können.

Diese Überlegungen lassen uns hinsichtlich der Weiterentwicklung von Makrorelationen und der Beurteilung ihres Erkenntniswertes in einer etwas zwiespältigen Situation. Einerseits ist es unmöglich, das gesamte Mikromodell mit allen Eigenschaften in der Makrotheorie berücksichtigen zu wollen, deren erstes Erfordernis Übersichtlichkeit und möglichste Einfachheit zur Lösung gesamtwirtschaftlicher Fragen ist, andererseits hängt der Erkenntniswert dieser Makrotheorie natürlich vom Mikrosystem ab.

2. Folgerungen für die Konsumfunktion

Es bleibt unter diesen Umständen offenbar nur ein ganz bewußter Kompromiß, der sich an folgenden Überlegungen zu orientieren hätte:

1. Makrorelationen werden durch die jeweilige Fragestellung bestimmt und dementsprechend nach Zweckmäßigkeitserwägungen konstruiert, ebenso wie die in ihnen berücksichtigten Aggregate. So gesehen können sie zunächst nur den Charakter approximativer oder statistischer Relationen haben[2].

2. Bei Erweiterung der Fragestellung, z. B. beim Übergang von statischer zu dynamischer Analyse, ist es immer wieder nötig, die einmal angenommenen Makrofunktionen zu überprüfen: ob es sinnvoll ist, mit den gleichen Aggregaten und den gleichen Hypothesen über die zu berücksichtigenden Variablen oder die Gestalt der Funktion weiterzuarbeiten; ob der Zeitabschnitt präzisiert werden muß, für den die Relation als gültig angenommen werden kann usw. Beim Arbeiten mit einem Gesamtmodell schließt das für jede einzelne Funktion die Berücksichtigung sämtlicher übriger Relationen und Hypothesen ein.

3. Die Aggregationsproblematik macht es notwendig — und das ist auch im zweiten Punkt bereits enthalten —, wenigstens allgemeine Annahmen über die Komponenten der Aggregate oder der Makrofunktionen ausdrücklich zu formulieren. Das könnte geschehen, indem man etwa auf größere Gruppen von Wirtschaftseinheiten zurückgeht, wobei man im Falle der Konsumfunktion vielleicht in bezug auf Einkommensgruppen oder auch in bezug auf die nachgefragten Gütergruppen differenzieren wird. Das erscheint besonders wichtig für eine den Zeitverlauf berücksichtigende Analyse, bei der es nicht ohne weiteres gerechtfertigt ist, Änderungen der „Struktur" der Makrogrößen explizit oder implizit durch ceteris paribus-Bedingungen von vornherein auszuschließen.

Es ist klar, daß man für einen solchen Ansatz eine ganze Reihe von Hypothesen braucht; Hypothesen auch über Zusammenhänge, die im allgemeinen beim Arbeiten mit dynamischen Makromodellen nicht explizit berücksichtigt werden und die unter Umständen selbst das Arbeiten mit weitgehend aggregierten Modellen sehr komplizieren.

Grundsätzlich ist gegen diese Argumentation der Einwand möglich, daß sie für ein rein theoretisches Modell insofern bedeutungslos sei, weil hier die Form der Konsumfunktion als Hypothese gesetzt werde. Unter diesem Aspekt sei dann nicht einzusehen, warum man nicht mit der einfachen Konsumfunktion $C = C(Y)$ arbeiten und die ceteris paribus-Bedingungen entsprechend wählen sollte. Dagegen kann nur

---
[2] Der gleichen Ansicht ist E. *Fels*, Zur Theorie und Messung nicht-additiver Nachfragefunktionen, a.a.O., insbes. S. 117 f. und S. 158.

gesagt werden, daß die Zweckmäßigkeit eines theoretischen Ansatzes ausschließlich davon abhängt, was mit dem Modell erklärt werden soll. Hiervon allein wird die Entscheidung darüber bestimmt, wieviele Größen man in den Gleichungen eines ökonomischen Modells explizit berücksichtigen will und welche davon man als Variable und welche als vorgegebene Parameter betrachten zu können glaubt. Was man üblicherweise als exogen bestimmte Daten, also als Parameter auffaßt — beispielsweise die Bedarfsstruktur —, beruht schließlich nur auf einer Konvention. Inwieweit sie sinnvoll ist, muß deshalb von Fall zu Fall neu geprüft werden, insbesondere beim Übergang zu einer dynamischen Analyse. Erst wenn man es aus solchen allgemeinen Erwägungen heraus als notwendig ansieht, prinzipiell mehr und andere Variable als seither zu berücksichtigen, entsteht die weitere Frage, ob die dadurch verursachte zusätzliche Komplizierung zur Lösung eines speziellen Problems unumgänglich ist.

Die Beantwortung dieser Frage aber ist nicht durch theoretische Überlegungen möglich, sondern erfordert empirische Untersuchungen. Denn gerade aus der Berücksichtigung der Aggregationsproblematik würde sich eine Komplizierung der Makrorelationen ja zunächst aus Gründen der Vorsicht ergeben, also einfach deshalb, weil man so wenig über die Mikrorelationen und ihre Bedeutung für die Makrotheorie weiß. Würden sich die mikroökonomischen Einflüsse in vielen Fällen für das Aggregat grundsätzlich ausgleichen und insgesamt nur Zufallsabweichungen bewirken („Gesetz der großen Zahl") oder bestünde eine eindeutige und im Zeitverlauf konstante Beziehung zwischen Mikro- und Makrogrößen, so wäre es möglich, auf eine explizite Einführung von Mikroaussagen und auf die Aufspaltung der Aggregate zu verzichten. Besondere ceteris paribus-Bedingungen — im Falle der Konsumfunktion etwa in bezug auf die Einkommensverteilung oder in bezug auf Änderungen der individuellen Präferenzen — wären dann ebenfalls gar nicht erforderlich. Um darüber etwas aussagen zu können, bedarf es sehr genauer quantitativer Angaben über die Eigenschaften des Mikromodells: über die numerische Größe der Parameter, über den Verteilungsbereich der Wertverläufe aller Mikrovariablen und der Parameter usw. Will man sich nicht damit begnügen, alles dies als zusätzliche Annahmen in die theoretischen Modelle einzuführen, so wird man versuchen müssen, durch empirische Studien etwa die quantitative Bedeutung des einen oder anderen Einflusses oder auch die zeitliche Veränderlichkeit der Struktur des ökonomischen Systems festzustellen.

Diese allgemeinen Überlegungen gelten auch für die Konsumfunktion und die Möglichkeit ihrer Dynamisierung: Für theoretische Untersuchungen ist, je nach der Problemstellung, eine ganze Reihe spezieller Hypothesen über die Gestalt einer dynamischen Konsumfunktion möglich. Will man aber entscheiden, inwieweit sie der Realität angemessen sind oder ob es allgemeingültige Aussagen über die Eigenschaften einer den Zeitverlauf berücksichtigenden Konsumfunktionen gibt, so lassen sich Anhaltspunkte hierfür nur an Hand empirischer Untersuchungen gewinnen. Nun besteht zwar an ökonometrischen Studien zur Konsumfunktion kein Mangel — wenigstens für die Vereinigten Staaten —, und man hätte somit auch die Möglichkeit, sie im Hinblick auf unsere Problemstellung auszuwerten. Das aber ist eine Aufgabe, die nicht mehr in den Rahmen unserer Erörterungen fällt. Vielmehr bedürfte sie einer statistischen Analyse, die allein in der Lage wäre, die einzelnen Untersuchungen begrifflich, methodisch und ihrem Erkenntniswert nach zu vergleichen.

Anhang

Die ökonometrischen Studien zur Konsumfunktion

Um es dem Leser zu erleichtern, sich in der Fülle der empirischen Studien zu Konsumproblemen und insbesondere zur Konsumfunktion zurechtzufinden, sei unseren theoretischen Erörterungen noch ein kurzer Überblick über die bisherigen ökonometrischen Untersuchungen angefügt. Damit beabsichtigen wir keine methodisch-statistische Analyse, sondern wollen nicht mehr als einen „Trend" der empirischen Forschung aufzeigen[1]. Wir beschränken uns dabei auf die Entwicklung in den Vereinigten Staaten, nicht nur, weil die amerikanischen Studien dank außerordentlich umfangreichen statistischen Materials besonders ausführlich und vielseitig sind, sondern auch wegen ihrer ungewöhnlichen Kontinuität in der Fragestellung[2].

Die ersten empirischen Studien zur Konsumfunktion hatten vor allem ein Ziel: die Verifikation des „psychologischen Gesetzes" sowie der von Keynes weiter geäußerten Vermutung, daß bei steigendem Einkommen die Konsumquote (der „Durchschnittshang zum Konsum") sinke[3]. Statistisch hieß das: Man nahm eine Funktion zwischen Gesamtkonsum und Gesamteinkommen an — meistens von der Form $C = \alpha Y + b$ — und hatte die Parameter α und b zu bestimmen. Es standen hierfür zwei Datenquellen zur Verfügung, nämlich Zeitreihen der Konsumausgaben und des Einkommens einerseits und Haushaltsrechnungen verschiedener Einkommensgruppen für einen bestimmten Zeitabschnitt andererseits.

Die Ergebnisse dieser Untersuchungen für die numerischen Werte der Parameter α und b differierten jedoch stark, so daß man zu dem Schluß kommen mußte, die Beziehung zwischen C und Y sei nicht

---

[1] Als zusammenfassende Beiträge über empirische Konsumfunktionen, die sich auch eingehender mit den statistischen Problemen beschäftigen, vgl. u. a. Ruth *Mack*, „Economics of Consumption", in A Survey of Contemporary Economics, Vol. II, B. F. *Haley*, Editor, Homewood, Ill. 1952; Robert *Ferber*, A Study of Aggregate Consumption Functions, a.a.O.; Everett E. *Hagen*, „The Consumption Function: A Review Article", Rev. of Ec. and Stat., Vol. 37, 1955; Robert *Ferber*, „The Accuracy of Aggregate Savings Functions in the Postwar Years", Rev. of Ec. and Stat., Vol. 37, 1955.

[2] Als Beispiel für die neuere Methodik und Fragestellung empirischer Konsumstudien vgl. aber auch die umfangreiche Untersuchung des Oxford University Institute of Statistics für England. (Harold *Lydall*, British Incomes and Savings, Oxford 1955; ferner die Artikelserie im Bulletin of the Oxford University Institute of Statistics, Vol. 14, 1952 — Vol. 17, 1955.)

[3] J. M. *Keynes*, General Theory, a.a.O., S. 97.

so einfach und eindeutig wie angenommen. Man versuchte deshalb, durch Einbeziehung zusätzlicher Variabler einmal eine bessere Übereinstimmung der Resultate zu erreichen und zum anderen vor allem die Art der funktionalen Abhängigkeit zwischen Gesamtkonsum und „erklärenden" Größen selbst genauer zu bestimmen. Gesucht wurde dabei nach wie vor eine Funktion von der Art der Keynesschen Konsumfunktion, also eine makroökonomische, statische Relation.

Die Tatsache, daß sich die Budgetstudien auf eine begrenzte Zeitperiode beziehen, ließ sie zwar für die „Verifikation" einer statischen Relation geeignet erscheinen. Andererseits aber umfassen Budgetstudien verschiedene Bevölkerungsgruppen, und ihre Brauchbarkeit zur Ableitung einer Makrofunktion für die Gesamtwirtschaft hängt von einigen nicht unbedeutenden Voraussetzungen ab, z. B. von der Voraussetzung, daß sich die Einkommensbezieher einer bestimmten Einkommensgruppe beim Übergang in eine zweite Gruppe genau so verhalten wie die ursprünglichen Mitglieder dieser zweiten Gruppe.

Die Zeitreihenstudien hatten dagegen den Nachteil, daß sie sich mit dem „Zeitfaktor" auseinanderzusetzen hatten und versuchen mußten, ihn auszuschalten. Das geschah meistens durch Annahme eines Trends zur Erfassung langfristiger „sozialer Veränderungen" oder der Änderungen von Konsumgewohnheiten, durch Berücksichtigung des Bevölkerungswachstums in Form einer Pro-Kopf-Rechnung oder durch Ausschaltung von Preisänderungen.

Die Fragestellung aller dieser Konsumfunktion-„Verifikationen" verschob sich jedoch mit dem Erscheinen der Kuznetsschen Untersuchungen über die langfristige Entwicklung der amerikanischen Wirtschaft[4]. Die hier aufgezeigte langfristige Konstanz der Sparquote bei wesentlicher Einkommenszunahme widersprach dem bei der Analyse kurzfristiger Daten übereinstimmend festgestellten Anwachsen der Sparquote bei Einkommenserhöhungen. Dies zusammen mit den nicht sehr erfolgreichen Vorhersagen der Höhe der Konsumausgaben für die Nachkriegszeit führte dazu, daß die „Verifikation" des „psychologischen Gesetzes" weitgehend in den Hintergrund trat. Heute bemüht man sich vielmehr um die Aufstellung einer Konsumfunktion, welche die Änderungen des Konsums im Zeitverlauf erklärt. Dazu braucht man eine Isolierung und Analyse der im Zeitverlauf für die Höhe der Konsumausgaben bedeutsamen Faktoren.

Diese Änderung der Fragestellung konzentriert die Aufmerksamkeit auf andere Erklärungsfaktoren als seither oder führt dazu, die bisher berücksichtigten Variablen unter dem Aspekt ihrer Wirkungen im

---

[4] Simon *Kuznets*, Uses of National Income in Peace and War, New York 1942. (Zitiert nach J. S. *Duesenberry*, Income, Saving, and the Theory of Consumer Behavior, a.a.O.).

Zeitverlauf zu betrachten. Insbesondere versucht man, zwischen kurzfristig und langfristig relevanten Einflüssen zu trennen. Es ist klar, daß auch die von der Wirtschaftstheorie jeweils diskutierten Problemkreise mit darüber entscheiden, welche die Konsumausgaben erklärenden Größen im einzelnen in die empirischen Studien einbezogen werden.

So interessierte man sich in letzter Zeit vor allem für die Wirkung monetärer Faktoren in Gestalt des Preisniveaus („Geldillusion") und der bei den Konsumenten vorhandenen Bestände an liquiden Mitteln oder sonstigen Vermögenswerten[5]. Außerdem wurde die Natur zeitlicher Verzögerungen und die von Duesenberry und Modigliani vertretene These diskutiert, nach der das jeweils höchste Einkommen der Vergangenheit für die Konsumquote bestimmend ist[6]. Darüber hinaus aber werden neuerdings auch Konsumpläne und überhaupt Erwartungsgrößen in die empirischen Studien einbezogen, um z. B. festzustellen, in welchem Maße die Plangrößen bei verschiedenen Konsumentengruppen realisiert werden und wie sich die Konsumdispositionen im Zeitverlauf ändern[7].

Auch in der Methodik der empirischen Studien läßt sich ein Trend aufzeigen, der dazu führte, Zeitreihen- und Budgetstudien nicht mehr als alternativ, sondern als komplementär anzusehen. Das bedeutet, daß man mit einheitlichen Fragestellungen sowohl an das statistische Material aus Zeitreihen als auch an das der Budgetuntersuchungen herangeht, und entspricht einer stärkeren Berücksichtigung der beim Arbeiten mit Makrofunktionen auftretenden Aggregationsprobleme: Zwar wird gefordert, daß die makroökonomische Konsumfunktion als

---

[5] Vgl. z. B. L. R. *Klein,* „The Use of Econometric Models as a Guide to Economic Policy", Econometrica, Vol. 15, 1947; Ta-Chung *Liu* and Ching-Gwan *Chang,* „U. S. Consumption and Investment Propensities: Prewar and Postwar", AER, Vol. 40, 1950, insbes. S. 574 ff.; L. R. *Klein,* „Assets, Debts, and Economic Behavior", in Studies in Income and Wealth, Vol. 14, New York 1952; M. *Cohen,* „Liquid Assets and the Consumption Function", Rev. of Ec. and Stat., Vol. 36, 1954; L. G. *Melville,* „Consumption, Income, and Wealth", Rev. of Ec. and Stat., Vol. 36, 1954. Vgl. in diesem Zusammenhang ferner u. a.: H. *Jones,* „Some Aspects of Demand for Consumer Durable Goods", Jl. of Fin., Vol. 9, 1954; J. H. *Lorie,* „Forecasting the Demand for Consumer Durable Goods", Jl. of Bus., 1954.

[6] Vgl. J. S. *Duesenberry,* „Income-Consumption Relations and Their Implications", in Income, Employment, and Public Policy, New York 1948; ders., Income, Saving, and the Theory of Consumer Behavior, a.a.O.; Franco *Modigliani,* „Fluctuations in the Saving-Income Ratio: A Problem in Economic Forecasting", in Studies in Income and Wealth, Vol. 11, New York 1949; T. M. *Brown,* „Habit Persistence and Lags in Consumer Behaviour", Econometrica, Vol. 20, 1952.

[7] Vgl. z. B. G. *Katona* and E. *Mueller,* Consumer Attitudes and Demand 1950—1952, University of Michigan 1953; R. *Ferber,* „The Role of Planning in Consumer Purchases of Durable Goods", a.a.O.; J. H. *Lorie,* „Forecasting the Demand for Consumer Durable Goods", a.a.O.

Variable beispielsweise das Gesamteinkommen oder die Gesamtbestände an liquiden Mitteln enthalten soll, auf jeden Fall also Makrogrößen. Man weiß aber, daß unter Umständen auch die Art der Verteilung dieser Variablen innerhalb des Mikrosystems für die Höhe des Gesamtkonsums von Bedeutung ist. Sie läßt sich als eine „joint frequency distribution" auffassen, d. h. als gemeinsame Verteilung aller interessierenden statistischen Maßzahlen, die ihrerseits durch gewisse Parameter (Streuung, Mittelwert usw.) charakterisiert werden kann. Daher wird man in die Makrofunktionen zusätzlich zu den erwähnten Makrovariablen auch derartige Parameter der joint frequency distribution einbeziehen, um auf diese Weise die „Struktur" des Mikrosystems zu berücksichtigen[8].

Zur Bestimmung der Makrofunktion braucht man in diesem Fall nicht nur Kenntnisse über die Mikrofunktionen selbst, sondern auch über die zeitliche Veränderlichkeit des Verteilungsbereichs derjenigen Parameter, die das Mikrosystem charakterisieren sollen[9]. Auf dieser Linie liegen z. B. die Bemühungen, Budgetuntersuchungen auf höhere Einkommensgruppen als bisher auszudehnen, und zwar vor allem deshalb, weil die oberen Einkommensgruppen für einen großen Teil der Gesamtersparnis verantwortlich sind. Eine gesonderte Untersuchung ihrer Einkommensdispositionen soll präzisere Aufschlüsse über die Bestimmungsfaktoren der gesamtwirtschaftlichen Sparfunktion — und damit auch der Konsumfunktion — ermöglichen.

Das empirisch untersuchte „Mikro"-System selbst besteht natürlich immer aus Konsumentengruppen und ist insofern nur graduell vom Makrosystem verschieden. Wegen der grundsätzlichen methodischen Schwierigkeiten beim Versuch, ein vollständiges Mikrosystem empirisch zu erfassen, und wegen des weitgehend nicht-operationellen Charakters der Mikrotheorie ist das jedoch unumgänglich. Für die Zwecke des Makrosystems dürften diese Ansätze außerdem völlig hinreichend sein, wenn sich auch die Bedeutung ihrer Ergebnisse für die Konsumfunktion im einzelnen noch nicht übersehen läßt.

Ein gewisses Fazit der bisherigen empirischen Forschungen versucht Klein in seinem neuesten ökonometrischen Modell für die Wirtschaft der Vereinigten Staaten zu ziehen[10]. Er kommt dabei zu folgender Konsumfunktion:

---

[8] Vgl. J. *Marschak*, „Economics of Consumption: Comment", in A Survey of Contemporary Economics, Vol. II, a.a.O., S. 80/81; ferner: K. J. *Arrow*, „Summarizing a Population of Behavior Patterns", a.a.O.
[9] J. *Marschak*, „Economics of Consumption: Comment", a.a.O., S. 81.
[10] L. R. *Klein* and A. S. *Goldberger*, An Econometric Model of the United States 1929—1952, Amsterdam 1955; ferner L. R. *Klein*, „The Empirical Foundations of Keynesian Economics", in Post-Keynesian Economics, a.a.O.

$$C_t = \alpha_0 + \alpha_1 (W_1 + W_2 - T_W)_t + \alpha_2 (P - S_P - T_P)_t +$$
$$+ \alpha_3 (A - T_A)_t + \alpha_4 C_{t-1} + \alpha_5 (L_1)_{t-1} +$$
$$+ \alpha_6 (N_p)_t + u_{1t}.$$

Die einzelnen Größen haben folgende Bedeutung:

C = Konsumausgaben (in Kaufkraft von 1939);
$(W_1 + W_2 - T_W)$ = verfügbares Einkommen der Lohn- und Gehaltsempfänger;
$(P - S_P - T_P)$ = verfügbares „Unternehmer"-Einkommen (ausschließlich des Sektors Landwirtschaft);
$(A - T_A)$ = verfügbares Einkommen der Landwirtschaft;
L_1 = am Jahresende im Besitz von Personen befindliche liquide Aktiva (Bargeld, Bankguthaben, Staatspapiere);
N_p = Bevölkerungszahl;
u_1 = Zufallsabweichung;
t = Zeiteinheit = 1 Jahr.

Die Gleichung ist in „real terms" formuliert; Einkommen und Bestände an liquiden Aktiva sind mit Hilfe des allgemeinen Preisindex preisbereinigt.

Durch Berücksichtigung verschiedener Einkommensgruppen enthält diese Form der Konsumfunktion eine gewisse Aufspaltung der Aggregate, mit den Beständen an liquiden Mitteln und Konsumausgaben des jeweils vorhergehenden Jahres werden darüber hinaus Faktoren zur Erklärung herangezogen, die für die zeitliche Entwicklung als besonders wichtig angesehen werden können[11].

Natürlich kann und soll dieses Modell, selbst wenn es als Zusammenfassung der bisherigen Einzelstudien und ihrer mit Hilfe verschiedener Methoden gewonnenen Ergebnisse gedacht ist, keine endgültige Formulierung darstellen. Es sollte auch hier nur als Beispiel angeführt werden, während ganz allgemein zu den empirischen Untersuchungen folgendes gesagt werden kann: Der Fortschritt gegenüber früheren Studien liegt vor allem in der Heranziehung statistischen Materials aus verschiedenen Quellen zur Beantwortung einer einheitlichen Fragestellung. Eng damit zusammenhängend ist die Tendenz, den Erkenntniswert empirisch berechneter Konsumfunktionen und ihrer Parameter grundsätzlicher als seither zu diskutieren, wobei man sich hauptsächlich auf neuere methodische Arbeiten über statistische Schätzverfahren und „statistical inference" stützt.

---

[11] Zur Begründung dieser Form der Konsumfunktion vgl. L. R. *Klein* and A. S. *Goldberger*, An Econometric Model of the United States 1929—1952, a.a.O., S. 4 ff. und L. R. *Klein*, „The Empirical Foundations of Keynesian Economics", a.a.O., S. 289 ff. Als Kritik vgl. u.. Carl F. *Christ*, „Aggregate Econometric Models", AER, Vol. 46, 1956; Karl A. *Fox*, „Econometric Models of the United States", Jl. Pol. Ec., Vol. 64, 1956.

Literaturverzeichnis

Abkürzungen

AER	The American Economic Review
Bull. Am. Math. Soc.	Bulletin of the American Mathematical Society
Bull. Oxf. Univ. Inst. Stat.	Bulletin of the Oxford University Institute of Statistics
Ec. Appl.	Economie Appliquée
Ec. Jl.	The Economic Journal
Jahrb. f. Sozialwiss.	Jahrbuch für Sozialwissenschaft
Jb. f. N. u. Stat.	Jahrbücher für Nationalökonomie und Statistik
Jl. Am. Stat. Ass.	Journal of the American Statistical Association
Jl. of Bus.	The Journal of Business
Jl. Farm Ec.	Journal of Farm Economics
Jl. of Fin.	The Journal of Finance
Jl. Pol. Ec.	The Journal of Political Economy
QJE	The Quarterly Journal of Economics
Rev. of Ec. Stat.	The Review of Economic Statistics
Rev. of Ec. and Stat.	The Review of Economics and Statistics (Fortsetzung von The Review of Economic Statistics)
Rev. of Ec. Stud.	The Review of Economic Studies
Schw. Z. f. Vw. u. Stat.	Schweizerische Zeitschrift für Volkswirtschaft und Statistik
Stud. in Inc. and Wealth	Studies in Income and Wealth
ZfN	Zeitschrift für Nationalökonomie
Z. f. d. ges. Staatswiss.	Zeitschrift für die gesamte Staatswissenschaft

Ackley, Gardner, „The Multiplier Time Period: Money, Inventories, and Flexibility", AER, Vol. 41, 1951.
— „The Wealth-Saving Relationship", Jl. Pol. Ec., Vol. 59, 1951.
Ackley, Gardner and Daniel B. *Suits*, „Relative Price Changes and Aggregate Consumer Demand", AER, Vol. 40, 1950.
Åkerman, Johan, „Dynamische Wertprobleme", ZfN, Bd. 2, 1930/31.
— Das Problem der sozialökonomischen Synthese, Lund 1938.
Alchian, Armen A., „The Meaning of Utility Measurement", AER, Vol. 43, 1953.
American Economic Association, Readings in Business Cycle Theory, Philadelphia-Toronto 1951.
— Readings in Monetary Theory, London 1952.
— Readings in Price Theory, Chicago-Homewood, Ill., 1952.
Anderson, jr., Oskar et al., „Short-Term Entrepreneurial Reaction Patterns", Paper presented at the 17. European Meeting of the Econometric Society, Kiel 1955.
Angell, James W., „Keynes and Economic Analysis Today", Rev. of Ec. and Stat., Vol. 30, 1948.
Armstrong, W. E., „A Note on the Theory of Consumer's Behaviour", Oxf. Ec. Pap. N. S., Vol. 2, 1950.

Arrow, Kenneth J., "Summarizing a Population of Behavior Patterns", (Abstract), Econometrica, Vol. 16, 1948.
— "J. S. Duesenberry, Income, Saving, and the Theory of Consumer Behavior", AER, Vol. 40, 1950.
— "Alternative Approaches to the Theory of Choice in Risk-Taking Situations", Econometrica, Vol. 19, 1951.
— Social Choice and Individual Values, New York—London 1951.
Arrow, Kenneth J. and Gerard *Debreu*, "Existence of an Equilibrium for a Competitive Economy", Econometrica, Vol. 22, 1954.
Balderston, J. B. and T. M. *Within*, "Aggregation in the Input-Output Model", in Economic Activity Analysis, Oskar Morgenstern, Editor, London 1954.
Balogh, T., "The Limitations of the Short Term Consumption Function", Bull. Oxf. Univ. Inst. Stat., Vol. 16, 1954.
Basmann, Robert L., "A Theory of Demand with Consumer's Preferences Variable", Econometrica, Vol. 24, 1956.
Bassie, V. Lewis, "Woytinsky on Consumption and Savings", Rev. of Ec. and Stat., Vol. 30, 1948.
Baumol, William J., Economic Dynamics (With a Contribution by Ralph Turvey), New York 1951.
— Welfare Economics and the Theory of the State, London—New York—Toronto 1952.
Becker, Erika, Die Konsumtionsveränderung. (Die Durchsetzung von Konsumtionsneuerungen in den Lebenshaltungsvorstellungen der sozialen Gruppe.) Dissertation (Maschinenschrift), Frankfurt am Main 1945.
Becker, Gary S. and William J. *Baumol*, "The Classical Monetary Theory: The Outcome of the Discussion", Economica N. S., Vol. 19, 1952.
Bennion, E. G., "The Cowles Commission's ‚Simultaneous Equation Approach': A Simplified Explanation", Rev. of Ec. and Stat., Vol. 34, 1952.
Bernácer, Germán, "Keynes, kritisch gesehen", Z. f. d. ges. Staatswiss., Bd. 108, 1952.
Bilkey, Warren J., "Equality of Income Distribution and Consumption Expenditures", Rev. of Ec. and Stat., Vol. 38, 1956.
Bischoff, Malte, Die gegenwärtige Diskussion über die Konsumfunktion. Diplomarbeit (unveröff.), Kiel 1953.
Böhi, Hans, "Ein neues Werk über den volkswirtschaftlichen Gesamtprozeß (Léon Dupriez, Des mouvements économiques généraux)", Schw. Z. f. Vw. u. Stat., Bd. 85, 1949.
— "Die Methode der Gesamtgrößenbetrachtung", Kyklos, Bd. 2, 1948.
Borch, Karl, "Effects on Demand of Changes in the Distribution of Income", Econometrica, Vol. 21, 1953.
— "Effects on Demand of Changes in the Distribution of Income: A Reply", Econometrica, Vol. 22, 1954.
Boulding, Kenneth E., A Reconstruction of Economics, New York—London 1950.
— "The Consumption Concept in Economic Theory", AER, Vol. 35, 1945.
— "Professor Tarshis and the State of Economics", AER, Vol. 38, 1948.
Bowman, Mary Jean, "The Consumer in the History of Economic Doctrine", AER, Vol. 41, 1951, Papers and Proceedings.
Brady, Dorothy S. and Rose D. *Friedman*, "Savings and the Income Distribution", in Stud. in Inc. and Wealth, Vol. 10, New York 1947.
Brinegar, George K., "Short-Run Effects of Income Change on Expenditure", Jl. Farm Ec., Vol. 35, 1953.

— "Income, Savings Balances, and Net Saving", Rev. of Ec. and Stat., Vol. 35, 1953.
Bronfenbrenner, M., Taro *Yamane* and C. H. *Lee*, "A Study in Redistribution and Consumption", Rev. of Ec. and Stat., Vol. 37, 1955.
Bross, Irwin D. J., Design for Decision, New York 1953.
Brown, T. M., "Habit Persistence and Lags in Consumer Behaviour", Econometrica, Vol. 20, 1952.
Brumberg, Richard E., "An Approximation to the Aggregate Saving Function", Ec. Jl., Vol. 64, 1956.
Brunner, Karl, "Inconsistency and Indeterminacy in Classical Economics", Econometrica, Vol. 19, 1951.
Chernoff, Herman, "Rational Selection of Decision Functions", Econometrica, Vol. 22, 1954.
Christ, Carl F., "Aggregate Econometric Models", AER, Vol. 46, 1956.
Clark, Colin, "Determination of the Multiplier from National Income Statistics", Ec. Jl., Vol. 48, 1938.
Clark, J. M., "Realism and Relevance in the Theory of Demand", Jl. Pol. Ec., Vol. 54, 1946.
Clower, Robert W., "Professor Duesenberry and Traditional Theory", Rev. of Ec. Stud., Vol. 19, 1951/52.
— "The Analogy Between Ordinary and Relative Preference Analysis", Rev. of Ec. and Stat., Vol. 35, 1953.
Cohen, Morris, "Postwar Consumption Functions", Rev. of Ec. and Stat., Vol. 34, 1952.
— "Liquid Assets and the Consumption Function", Rev. of Ec. and Stat., Vol. 36, 1954.
Corlett, W. C., "Effects on Demand of Changes in the Distribution of Income: A Comment", Econometrica, Vol. 22, 1954.
Corlett, W. J. and P. K. *Newman*, "A Note on Revealed Preference and the Transitivity Condition", Rev. of Ec. Stud., Vol. 20, 1952/53.
Cunynghame, Henry, "Some Improvements in Simple Geometrical Methods of Treating Exchange Value, Monopoly, and Rent", Ec. Jl., Vol. 2, 1892.
Dauten, Carl A., "A Fresh Approach to the Place of Consumer Credit in Economic and Financial Thinking", Jl. of Fin., Vol. 9, 1954.
Davis, Tom E., "The Consumption Function as a Tool for Prediction", Rev. of Ec. and Stat., Vol. 34, 1952.
Dehn, Edgar, "Zur Allgemeinen Theorie von Professor Keynes", ZfN, Bd. 9, 1939.
Dirks, Frederick C., "Retail Sales and Labor Income", Rev. of Ec. Stat., Vol. 20, 1938.
Dresch, Francis W., "Index Numbers and the General Economic Equilibrium", Bull. Am. Math. Soc., Vol. 44, 1938.
Duesenberry, J. S., "Income-Consumption Relations and Their Implications", in Income, Employment, and Public Policy, a.a.O.
— Income, Saving, and the Theory of Consumer Behavior, Cambridge, Mass. 1949.
Duncan, Acheson J., "The Propensity to Consume: A Comment", QJE, Vol. 53, 1939.
Ellsberg, D., "Classic and Current Notions of ‚Measurable Utility'", Ec. Jl., Vol. 64, 1954.
Ezekiel, Mordecai, "Statistical Investigations of Saving, Consumption, and Investment", AER, Vol. 32, 1942.

Farrell, M. J., "Irreversible Demand Functions", Econometrica, Vol. 20, 1952.
— "Some Aggregation Problems in Demand Analysis", Rev. of Ec. Stud., Vol. 21, 1953/54.
Federici, Luigi, „Kritische Überprüfung der Keynesschen Multiplikatortheorie", Jahrb. f. Sozialwiss., Bd. 1, 1950.
Fellner, William, Monetary Policies and Full Employment, Berkeley and Los Angeles 1947.
Fels, Eberhard, Zur Theorie und Messung nichtadditiver Nachfragefunktionen. Dissertation (Maschinenschrift), München 1953.
— „Maß und Richtung: Zur Aggregation dreiwertiger Signalkonstellationen im Ifo-Konjunkturtestverfahren", Statistische Vierteljahresschrift, Bd. 7, 1954.
Ferber, Robert, A Study of Aggregate Consumption Functions, New York 1953 (National Bureau of Economic Research, Technical Paper 8).
— „The Role of Planning in Consumer Purchases of Durable Goods", AER, Vol. 44, 1954.
— „The Accuracy of Aggregate Savings Functions in the Postwar Years", Rev. of Ec. and Stat., Vol. 37, 1955.
Flügge, Eva, „,Institutionalismus' in der Nationalökonomie der Vereinigten Staaten", Jb. f. N. u. Stat., Bd. 126, 1927.
Fossati, Eraldo, „The Utility of Money", Econometrica, Vol. 20, 1952.
Fox, Karl A., „Econometric Models of the United States", Jl. Pol. Ec., Vol. 64, 1956.
Friedman, Milton, „The Marshallian Demand Curve", Jl. Pol. Ec., Vol. 57, 1949.
Friedman, Milton and L. J. *Savage*, „The Utility Analysis of Choices Involving Risk", Jl. Pol. Ec., Vol. 56, 1948.
— „The Expected-Utility Hypothesis and the Measurability of Utility", Jl. Pol. Ec., Vol. 60, 1952.
Friend, Irwin, „Ezekiel's Analysis of Saving, Consumption, and Investment", AER, Vol. 32, 1942.
— „Consumption-Saving Function: Comments", Rev. of Ec. and Stat., Vol. 30, 1948.
Frisch, Ragnar, „Propagation Problems and Impulse Problems in Dynamic Economics", in Economic Essays in Honour of Gustav Cassel, London 1933. (Wieder abgedruckt als Universetetets Økonomiske Institutt Publikasjon Nr. 3, Oslo 1933.)
Fulcher, Gordon S., „Saving of Individuals in Relation to Income", AER, Vol. 32, 1942.
Gambs, John S., Beyond Supply and Demand. A Reappraisal of Institutional Economics, New York 1946.
Garfield, Frank R., „Measuring and Forecasting Consumption", Jl. Am. Stat. Ass., Vol. 41, 1946.
Garvy, George „The Propensity to Consume and the Multiplier: Discussion", AER, Vol. 38, 1948.
George, Edwin B., „Replacement Demand for Consumer's Durable Goods", Jl. Am. Stat. Ass., Vol. 34, 1939.
Georgescu-Roegen, Nicholas, „The Pure Theory of Consumer's Behavior", QJE, Vol. 50, 1935/36.
— „The Theory of Choice and the Constancy of Economic Laws", QJE, Vol. 64, 1950.
— „Choice, Expectations, and Measurability", QJE, Vol. 68, 1954.

Giersch, Herbert, „Einige kontroverse Fragen der Multiplikatortheorie", in Beiträge zur Multiplikatortheorie, hgg. von Erich Schneider, a.a.O.
Gilboy, Elizabeth, „Methods of Measuring Demand or Consumption", Rev. of Ec. Stat., Vol. 21, 1939.
— „The Propensity to Consume", QJE, Vol. 53, 1939.
— „The Propensity to Consume: Reply", QJE, Vol. 53, 1939.
Goodwin, Richard M., „The Multiplier", in The New Economics, Seymour E. Harris, Editor, a.a.O.
— „Secular and Cyclical Aspects of the Multiplier and the Accelerator", in Income, Employment and Public Policy, a.a.O.
— „The Multiplier as Matrix", Ec. Jl., Vol. 59, 1949.
Grayson, Henry, „The Econometric Approach: A Critical Analysis", Jl. Pol. Ec., Vol. 56, 1948.
Guilbaud, G. Th., „Les théories de l'intérêt général et le problème logique de l'agrégation", Ec. Appl., Vol. 5, 1952.
Haavelmo, Trygve, „The Statistical Implications of a System of Simultaneous Equations", Econometrica, Vol. 11, 1943.
— The Probability Approach in Econometrics, Econometrica, Vol. 12, 1944 (Supplement).
— „Methods of Measuring the Marginal Propensity to Consume", Jl. Am. Stat. Ass, Vol. 42, 1947. (Wieder abgedruckt in Studies in Econometric Method, Wm. C. Hood and T. C. Koopmans, Editors, New York—London 1953.)
— „Family Expenditures and the Marginal Propensity to Consume", Econometrica, Vol. 15, 1947.
Haberler, Gottfried, „Mr. Keynes' Theory of the ‚Multiplier': A Methodological Criticism", ZfN, Bd. 7, 1936. (Wieder abgedruckt in Readings in Business Cycle Theory, a.a.O.)
— „The General Theory", in The New Economics, Seymour E. Harris, Editor, a.a.O.
— „The Pigou Effect Once More", Jl. Pol. Ec., Vol. 60, 1952.
Hagen, Everett E., „The Consumption Function: A Review Article", Rev. of Ec. and Stat., Vol. 37, 1955.
Hahn, F. H., „The General Equilibrium Theory of Money: A Comment", Rev. of Ec. Stud., Vol. 19, 1951/52.
— „Expectations and Equilibrium", Ec. Jl., Vol. 62, 1952.
Hamburger, William, „The Determinants of Aggregate Consumption", Rev. of Ec. Stud., Vol. 22, 1954/55.
— „The Relation of Consumption to Wealth and the Wage Rate", Econometrica, Vol. 23, 1955.
Hansen, Alvin H., Fiscal Policy and Business Cycles, New York 1941.
— „The General Theory", in The New Economics, Seymour E. Harris, Editor, a.a.O.
— „A Note on the Secular Consumption Function", AER, Vol. 41, 1951.
— A Guide to Keynes, New York—Toronto—London 1953.
Harris, Seymour E., (Editor), The New Economics. Keynes' Influence on Theory and Public Policy, New York 1947.
Hart, Albert Gailord, Money, Debt, and Economic Activity, 2. Edition, New York 1953.
Hasbach, Wilhelm, Güterverzehrung und Güterhervorbringung, Jena 1906.
von Hayek, F. A., „Economics and Knowledge", Economica N. S., Vol. 4, 1937.
Hegeland, Hugo, The Multiplier Theory, Lund 1954.

Heller, Walter F., F. M. *Boddy* and C. L. *Nelson* (Editors), Savings in the Modern Economy: A Symposium, Minneapolis 1953.
Hickman, W. Braddock, „The Determinacy of Absolute Prices in Classical Economic Theory", Econometrica, Vol. 18, 1950.
Hicks, John R., „A Suggestion for Simplifying the Theory of Money", Economica N. S., Vol. 2, 1935. (Wieder abgedruckt in Readings in Monetary Theory, a.a.O.)
— Value and Capital, Oxford 1939 (2. Edition, Oxford 1946).
— „Le théorie de Keynes après neuf ans", Revue d'économie politique, 1945.
— A Contribution to the Theory of the Trade Cycle, Oxford 1950.
Hilgard, Ernest R., Theories of Learning, 2. Edition, New York 1956.
Holden, G. R., „Mr. Keynes' Consumption Function and the Time-Preference Postulate", QJE, Vol. 52, 1938.
Homan, Paul T., „Consumption", in Encyclopaedia of the Social Sciences, Vol. 2, New York 1937.
Hood, William C., „Empirical Studies of Demand", The Canadian Journal of Economics and Political Science, Vol. 21, 1955.
Houthakker, Hendrik, „Compensated Changes in Quantities and Qualities Consumed", Rev. of Ec. Stud., Vol. 20, 1952/53.
Hoyt, Elizabeth E., The Consumption of Wealth, New York 1928.
Humphrey, Don D., „Price Reduction as a Stimulus to Sales of Durable Consumers' Goods", Jl. Am. Stat. Ass., Vol. 34, 1939.
Hurwicz, Leonid, „Aggregation in Macroeconomic Models" (Abstract), Econometrica, Vol. 20, 1952.
Income, Employment, and Public Policy. Essays in Honor of Alvin H. Hansen, New York 1948.
James, S. F. and W. *Beckerman*, „Interdependence of Consumer Preferences in the Theory of Income Redistribution", Ec. Jl., Vol. 63, 1953.
Jöhr, W. A., „Verbrauchsneigung und Liquiditätsvorliebe", Jb. f. N. u. Stat., Bd. 146, 1937.
Johnson, Harry G., „A Note on the Effects of Income Redistribution on Aggregate Consumption with Interdependent Consumer Preferences", Economica N. S., Vol. 18, 1951.
— „The Effects of Income Redistribution on Aggregate Consumption with Interdependence of Consumer Preferences", Economica N. S., Vol. 19, 1952.
— „Interdependence of Consumer Preferences in the Theory of Income Redistribution: Comment", Ec. Jl., Vol. 63, 1953.
Jones, Homer, „Some Aspects of Demand for Consumer Durable Goods", Jl. of Fin., Vol. 9, 1954.
Katona, George, „Effect of Income Changes on the Rate of Saving", Rev. of Ec. and Stat., Vol. 31, 1949.
— „Variability of Consumer Behavior and the Survey Method", in Contributions of Survey Methods to Economics, G. Katona, L. R. Klein, J. B. Lansing and J. N. Morgan, Editors, New York 1954.
Katona, George and Eva *Mueller*, Consumer Attitudes and Demand 1950-1952 Institute for Social Research: Survey Research Center, University of Michigan 1953.
Kemp, Murray C., „The Efficiency of Competition as an Allocator of Resources II: External Economies of Consumption", The Canadian Journal of Economics and Political Science, Vol. 21, 1955.

Kennedy, Charles, „The Common Sense of Indifference Curves", Oxf. Ec. Pap. N. S., Vol. 2, 1950.
Keynes, John Maynard, The General Theory of Employment, Interest, and Money, London 1936 (reprinted 1951).
— „Fluctuations in Net Investment in the United States", Ec. Jl., Vol. 46, 1936.
— „Mr. Keynes' Consumption Function: A Reply", QJE, Vol. 52, 1938 und Vol. 53, 1939.
— „Mr. Keynes on the Distribution of Income and the ‚Propensity to Consume': A Reply", Rev. of Ec. Stat., Vol. 21, 1939.
Klein, Lawrence R., „A Post-Mortem on Transition Predictions of National Product", Jl. Pol. Ec., Vol. 54, 1946.
— „Macroeconomics and the Theory of Rational Behavior", Econometrica, Vol. 14, 1946.
— „Remarks on the Theory of Aggregation", Econometrica, Vol. 14, 1946.
— The Keynesian Revolution, New York 1947 (4. printing 1950).
— „The Use of Econometric Models as a Guide to Economic Policy", Econometrica, Vol. 15, 1947.
— „Assets, Debts, and Economic Behavior", in Stud. in Inc. and Wealth, Vol. 14, New York 1952.
— A Textbook of Econometrics, Evanston, Ill., 1953.
— „The Empirical Foundations of Keynesian Economics", in Post-Keynesian Economics, K. K. Kurihara, Editor, a.a.O.
Klein, Lawrence R. and H. W. *Mooney*, „Negro-White Savings Differentials and the Consumption Function Problem" Econometrica, Vol. 21, 1953.
Klein, Lawrence R. and A. S. *Goldberger*, An Econometric Model of the United States 1929—1952, Amsterdam 1955.
Knight, Frank H., „Demand", in Encyclopaedia of the Social Sciences, Vol. 3, New York 1937.
— „Realism and Relevance in the Theory of Demand: Comment", Jl. Pol. Ec., Vol. 54, 1946.
Koffsky, Nathan, „An Additional View on the Consumption Function", Rev. of Ec. and Stat., Vol. 30, 1948.
Krelle, Wilhelm, Theorie wirtschaftlicher Verhaltensweisen, Meisenheim—Wien 1953.
Kurihara, Kenneth K. (Editor). Post-Keynesian Economics, New Brunswick, N. J. 1954.
Kyrk, Hazel, A Theory of Consumption, Boston 1923.
Lange, Oscar, „Die allgemeine Interdependenz der Wirtschaftsgrößen und die Isolierungsmethode", ZfN, Bd. 4, 1932/33.
— „The Rate of Interest and the Optimum Propensity to Consume", Economica N. S., Vol. 5, 1938. (Wieder abgedruckt in Readings in Business Cycle Theory, a.a.O.)
— „Savings in Process Analysis", QJE, Vol. 53, 1939.
— „Say's Law: A Restatement and Criticism", in Studies in Mathematical Economics and Econometrics. In Memory of Henry Schultz, O. Lange, F. McIntyre and T. O. Yntema, Editors, Chicago 1942.
Lansing, John B. and E. Scott *Maynes*, „Inflation and Savings by Consumers", Jl. Pol. Ec., Vol. 60, 1952.
Lazarsfeld, Paul F. (Editor), Mathematical Thinking in the Social Sciences, Glencoe, Ill., 1954.
Leibenstein, H., „Bandwagon, Snob, and Veblen Effects in the Theory of Consumers' Demand", QJE, Vol. 64, 1950.

Lenschow, Gerhard, „Volkseinkommensschichtung und Verbrauch", Z. f. d. ges. Staatswiss., Bd. 106, 1950.
Leontief, Wassily W., „The Fundamental Assumption of Mr. Keynes' Monetary Theory of Unemployment", QJE, Vol. 51, 1936/37.
— „The Consistency of the Classical Theory of Money and Prices", Econometrica, Vol. 18, 1950.
Lerner, Abba P., „Saving and Investment: Definitions, Assumptions, Objectives", QJE, Vol. 53, 1938/39. (Wieder abgedruckt in Readings in Business Cycle Theory, a.a.O.)
Leser, C. E. V., „The Consumer's Demand for Money", Econometrica, Vol. 11, 1943.
Leven, Maurice, Harold G. *Moulton* and Clark *Warburton*, America's Capacity to Consume, Washington 1934.
Little, I. M. D., „A Reformulation of the Theory of Consumer's Behaviour", Oxf. Ec. Pap., N. S., Vol. 1, 1949.
— „The Theory of Consumer's Behaviour: A Comment", Oxf. Ec. Pap., N. S. Vol. 2, 1950.
Liu, Ta-Chung and Ching-Gwan *Chang*, „U. S. Consumption and Investment Propensities: Prewar and Postwar", AER, Vol. 40, 1950.
Livingston, S. Morris, „Forecasting Postwar Demand II", Econometrica, Vol. 13, 1945.
Lorie, James H., „Forecasting Demand for Consumer Durable Goods", Jl. of Bus., Vol. 27, 1954.
Lough, William H., High-Level Consumption. Its Behavior, Its Consequences, New York—London 1935.
Lubell, Harold, „Effects of Redistribution of Income on Consumers' Expenditure", AER, Vol. 37, 1947.
Lundberg, Erik, Studies in the Theory of Economic Expansion, London 1937 (Reprints of Economic Classics, New York 1954).
Lutz, Friedrich A., „The Outcome of the Saving-Investment Discussion", QJE, Vol. 52, 1938. (Wieder abgedruckt in Readings in Bussiness Cycle Theory, a.a.O.)
— „Saving and Investment: Final Comment", QJE, Vol. 53, 1939.
Lutz, Friedrich und Vera, The Theory of Investment of the Firm, Princeton, N. J. 1951.
Lydall, Harold, British Incomes and Savings, Oxford 1955.
— „The Life Cycle in Income, Saving, and Asset Ownership", Econometrica, Vol. 23, 1955.
Machlup, Fritz, „Period Analysis and Multiplier Theory", QJE, Vol. 54, 1939/40. (Wieder abgedruckt in Readings in Business Cycle Theory, a.a.O.)
Mack, Ruth P., „The Direction of Change in Income and the Consumption Function", Rev. of Ec. and Stat., Vol. 30, 1948.
— „Economics of Consumption", in A Survey of Contemporary Economics, Vol. II, Bernard F. Haley, Editor, Homewood, Ill., 1952.
Makower, Helen and Jacob *Marschak*, „Assets, Prices, and Monetary Theory", Economica N. S. Vol. 5, 1938. (Wieder abgedruckt in Readings in Price Theory, a.a.O.)
Malinvaud, E., „L'agrégation dans les modèles économétriques", (Abstract), Econometrica, Vol. 22, 1954.
Marchal, Jean, „Essai de révision de la théorie des prix à la lumière des progrès de la psychologie moderne", ZfN, Bd. 12, 1949.
Marschak, Jacob, „Money and the Theory of Assets", Econometrica, Vol. 6, 1938.

— „On Combining Market and Budget Data in Demand Studies, A Suggestion", Econometrica, Vol. 7, 1939.
— „Personal and Collective Budget Functions", Rev. of Ec. Stat., Vol. 21, 1939.
— „Money Illusion and Demand Analysis", Rev. of Ec. Stat., Vol. 25, 1943.
— „Statistical Inference in Economics: An Introduction", in Statistical Inference in Dynamic Economic Models, T. C. Koopmans, Editor, New York—London 1950.
— „The Rationale of the Demand for Money and of ‚Money Illusion'", Metroeconomica, Vol. 2, 1950 (Abstract in Econometrica, Vol. 18, 1950).
— „Probability in the Social Sciences", in Mathematical Thinking in the Social Sciences, Paul F. Lazarsfeld, Editor, a.a.O.
Matthews, R. C. O., „The Saving Function and the Problem of Trend and Cycle", Rev. of Ec. Stud., Vol. 22, 1954/55.
May, Kenneth, „The Aggregation Problem for a One-Industry Model", Econometrica, Vol. 14, 1946.
— „Technological Change and Aggregation", Econometrica, Vol. 15, 1947.
— „Intransitivity, Utility, and the Aggregation of Preference Patterns", Econometrica, Vol. 22, 1954.
Mayer, Hans, „Konsumtion", in Handwörterbuch der Staatswissenschaften, 4. Auflage, Bd. 5, Jena 1923.
— „J. M. Keynes' ‚Neubegründung' der Wirtschaftstheorie", in Wirtschaftliche Entwicklung und soziale Ordnung. Festschrift für Ferdinand Degenfeld-Schonburg, hgg. von E. Lagler und J. Messner, Wien 1952.
McKinsey, J. C. C., Introduction to the Theory of Games, New York—Toronto—London 1952.
Meade, J. E., „A Simplified Model of Keynes' System", Rev. of Ec. Stud., Vol. 4, 1936/37. (Wieder abgedruckt in The New Economics, Seymour E. Harris, Editor, a.a.O.)
— „Mr. Lerner on ‚The Economics of Control' ", Ec. Jl., Vol. 55, 1945.
Melville, L. G., „Consumption, Income, and Wealth", Rev. of Ec. and Stat., Vol. 36, 1954.
Metzler, Lloyd A., „Effects of Income Redistribution", Rev. of Ec. Stat., Vol. 25, 1943.
— „Keynes and the Theory of Business Cycles", in The New Economics, Seymour E. Harris, Editor, a.a.O.
— „Three Lags in the Circular Flow of Income", in Income, Employment, and Public Policy, a.a.O.
— „Wealth, Saving, and the Rate of Interest", Jl. Pol. Ec., Vol. 59, 1951.
Meyer, John R. and H. L. *Miller*, „Some Comments on the ‚Simultaneous-Equations Approach' ", Rev. of Ec. and Stat., Vol. 36, 1954.
Modigliani, Franco, „Fluctuations in the Saving-Income Ratio: A Problem in Economic Forecasting", in Stud. in Inc. and Wealth, Vol. 11, New York 1949.
Modigliani, Franco and R. *Brumberg*, „Utility Analysis and the Consumption Function: An Interpretation of Cross-Section Data", in Post-Keynesian Economics, K. K. Kurihara, Editor, a.a.O.
Money, Trade, and Economic Growth. In Honor of John Henry Williams, New York 1951.
Montaner, Antonio, Der Institutionalismus als Epoche amerikanischer Geistesgeschichte, Tübingen 1948.
— „Institutionalismus", in Handwörterbuch der Sozialwissenschaften, 7. Lieferung, Stuttgart—Tübingen—Göttingen 1954.

Morgan, James N., "The Structure of Aggregate Personal Saving", Jl. Pol. Ec., Vol. 59, 1951.
Morgenstern, Oskar, "Das Zeitmoment in der Wertlehre", ZfN, Bd. 5, 1934.
— "Demand Theory Reconsidered", QJE, Vol. 62, 1948.
Morishima, Michio, "Consumer's Behavior and Liquidity Preference", Econometrica, Vol. 20, 1952.
Mosak, Jacob L., General-Equilibrium Theory in International Trade, Bloomington, Ind. 1944.
— "Forecasting Postwar Demand III", Econometrica, Vol. 13, 1945.
Müller, J. Heinz, "Grundlagen einer allgemeinen Theorie der Wahlakte", Jb. f. N. u. Stat., Bd. 164, 1952.
Musgrave, Richard A., "Money, Liquidity, and the Valuation of Assets", in Money, Trade, and Economic Growth, a.a.O.
Musgrave, Richard A. and M. S. *Painter*, "The Impact of Alternative Tax Structures on Personal Consumption and Saving", QJE, Vol. 62, 1948.
Nataf, André, "Sur la possibilité de construction de certains macromodèles", Econometrica, Vol. 16, 1948.
— "Possibilité d'agrégation dans le cadre de la théorie des choix", Metroeconomica, Vol. 5. 1953.
— Sur des questions d'agrégation en économétrie. Paris 1953 (Publications de l'Institut de Statistique de l'Université de Paris. Vol. 2, Fasc. 4).
von Neumann, John und O. *Morgenstern*, Theory of Games and Economic Behavior 2. Edition, Princeton , N. J. 1947.
Newman, Peter, "The Foundations of Revealed Preference Theory", Oxf. Ec. Pap. N. S., Vol. 7, 1955.
Nyblén, Göran, The Problem of Summation in Economic Science, Lund 1951.
Ohlin, Bertil, "Some Notes on the Stockholm Theory of Savings and Investment", Ec. Jl., Vol. 47, 1937 (wieder abgedruckt in Readings in Business Cycle Theory, a.a.O.).
Oldenberg, Karl, Die Konsumtion, Grundriß der Sozialökonomik, II. Abt., 1. Teil, 2. Auflage, Tübingen 1923.
Patinkin, Don, "Relative Prices, Say's Law, and the Demand for Money", Econometrica, Vol. 16, 1948.
— "The Indeterminacy of Absolute Prices in Classiccal Economic Theory", Econometrica, Vol. 17, 1949.
— "A Reconsideration of the General Equilibrium Theory of Money", Rev. of Ec. Stud., Vol. 18, 1950/51.
— "The Invalidity of Classical Monetary Theory", Econometrica, Vol. 19, 1951.
— "Further Considerations of the General Equilibrium Theory of Money", Rev. of Ec. Stud., Vol. 19, 1951/52.
— "Dichotomies of the Pricing Process in Economic Theory", Economica N. S., Vol. 21, 1954.
Perroux, Francois, "Les macrodécisions et la théorie des choix", ZfN, Bd. 12, 1949.
— "The Domination Effect and Modern Economic Theory", Social Research, Vol. 17, 1950.
Peter, Hans, "Zins und Geld in Keynes' General Theory of Employment, Interest, and Money", Jb. f. N. u. Stat., Bd. 146, 1937.
Phipps, Cecil G., "A Note on Patinkin's ,Relative Prices' ", Econometrica, Vol. 18, 1950.

Pigou, A. C., „Some Remarks on Utility", Ec. Jl., Vol. 13, 1903.
— „The Interdependence of Different Sources of Demand and Supply in a Market", Ec. Jl., Vol. 23, 1913.
— The Economics of Welfare, 3. Edition, London 1929.
— „Professor Duesenberry on Income and Savings", Ec. Jl., Vol. 61, 1951.
— Keynes's ‚General Theory'. A Retrospective View, London 1951.
Polak, J. J., „Fluctuations in United States Consumption 1919—1932", Rev. of Ec. Stat., Vol. 21, 1939.
Preiser, Erich, „Das Doppelgesicht der Keynesschen Theorie", Kyklos, Bd. 5, 1952.
Prest, A. R., „Some Experiments in Demand Analysis", Rev. of Ec. and Stat., Vol. 31, 1949.
Pu, Shou Shan, „A Note on Macroeconomics", Econometrica, Vol. 14, 1946.
Rashevsky, Nicolas, Mathematical Theory of Human Relations. An Approach to a Mathematical Biology of Social Phenomena, Bloomington, Ind. 1947.
— „Two Models: Imitative Behavior and Distribution of Status", in Mathematical Thinking in the Social Sciences, Paul F. Lazarsfeld, Editor, a.a.O.
Reddaway, W. B., „Irrationality in Consumer Demand", Ec. Jl., Vol. 46, 1936.
Reichenau, Ch. von, Die Kapitalfunktion des Kredits, Jena 1932.
— „Konsum und volkswirtschaftliche Theorie", Jb. f. N. u. Stat., Bd. 159, 1944.
— „Haushaltsrechnungen I: Haushaltsführung", in Handwörterbuch der Sozialwissenschaften, 1. Lieferung, Stuttgart—Tübingen—Göttingen 1952.
Richter, Rudolf, „Probleme des Rationalprinzips", Z. f. d. ges. Staatswiss., Bd. 110, 1954.
— „Über die Grenzen der Multiplikatortheorie", in Beiträge zur Multiplikatortheorie, hgg. von Erich Schneider, a.a.O.
Rittig, Gisbert, „Die Indeterminiertheit des Preissystems", Jahrb. f. Sozialwiss., Bd. 1, 1950.
Robertson, D. H., Banking Policy and the Price Level, New York-London 1949.
— „Saving and Hoarding", Ec. Jl., Vol. 43, 1933.
Roche, Charles La, „Empirische Konsum- und Sparfunktionen", Schw. Z. f. Vw. u. Stat., Bd. 86, 1950.
Roos, Charles F. „„Theoretical Studies of Demand", Econometrica, Vol. 2, 1934.
Roos, Charles F., and Victor S. *von Szeliski*, „The Demand for Durable Goods", Econometrica, Vol. 11, 1943.
Rosa, Robert V., „Use of the Consumption Function in Short Run Forecasting", Rev. of Ec. and Stat., Vol. 30, 1948.
Rosenstein-Rodan, P. N., „The Rôle of Time in Economic Theory", Economica N. S., Vol. 1, 1934.
— „The Coordination of the General Theories of Money and Price", Economica N. S., Vol. 3, 1936.
Roy, A. D. „On Choosing Between Probability Distributions", Rev. of Ec. Stud., Vol. 22, 1954/55.
Samuelson, Paul A., „A Statistical Analysis of the Consumption Function", in Alvin H. Hansen, Fiscal Policy and Business Cycles, a.a.O.
— „A Fundamental Multiplier Identity", Econometrica, Vol. 11, 1943.
— „Interactions Between the Multiplier Analysis and the Principle of Acceleration", Rev. of. Ec. Stat., Vol. 21, 1939 (wieder abgedruckt in Readings in Business Cycle Theory, a.a.O.).

- "Lord Keynes and the General Theory", Econometrica, Vol. 14, 1946 (wieder abgedruckt in The New Economics, Seymour E. Harris, Editor, a.a.O.).
- Foundations of Economic Analysis, Cambridge, Mass., 1947.

Savage, L. J., "The Theory of Statistical Decision", Jl. Am. Stat. Ass., Vol. 46, 1951.

Schmucker, Helga, "Neuere Methoden des Auslands zur Erforschung der Einkommensverwendung im Privathaushalt", Allgemeines Statistisches Archiv, Bd. 34, 1950.
- "Haushaltsrechnungen II: Rechnung und Budget", in Handwörterbuch der Sozialwissenschaften, 1. Lieferung, Stuttgart-Tübingen-Göttingen 1952.

Schneider, Erich, "Ersparnis und Investition in der geschlossenen Verkehrswirtschaft", Schmollers Jahrbuch, Bd. 67, 1943.
- "Der Streit um Keynes", Jb. f. N. u. Stat., Bd. 165, 1953.
- (Herausgeber), Beiträge zur Multiplikatortheorie, Berlin 1954.
- Einführung in die Wirtschaftstheorie, I. Teil, 5. verbesserte und erweiterte Auflage, Tübingen 1955; II. Teil, 3., verbesserte und erweiterte Auflage, Tübingen 1955; III. Teil, 3., umgearbeitete und erweiterte Auflage, Tübingen 1955.

Schoeffler, Sidney, "Toward a General Definition of Rational Action", Kyklos, Vol. 7, 1954.

Schultz, Henry, The Theory and Measurement of Demand, Chicago 1938.

Schumpeter, J. A., "John Maynard Keynes", AER, Vol. 36, 1946 (wieder abgedruckt in The New Economics, Seymour E. Harris, Editor, a.a.O., und in J. A. Schumpeter, Ten Great Economists, London 1952).

Shackle, G. L. S., "Twenty Years On: A Survey of the Theory of the Multiplier", Ec. Jl., Vol. 61, 1951.
- "J. S. Duesenberry, Income, Saving and the Theory of Consumer Behavior", Ec. Jl., Vol. 61, 1951.

Simon, Herbert A., "Some Strategic Considerations in the Construction of Social Science Models", in Mathematical Thinking in the Social Sciences, Paul F. Lazarsfeld, Editor, a.a.O.
- "A Behavioral Model of Rational Choice", QJE, Vol. 69, 1955.

Smith, Henry, "A Note on Time Elasticity of Demand", Economica N. S., Vol. 4, 1937.

Smith, Victor E., "The Classicist's Use of Demand", Jl. Pol. Ec., Vol. 59, 1951.

Smithies, Arthur, "Process Analysis and Equilibrium Analysis", Econometrica, Vol. 10, 1942.
- "Forecasting Postwar Demand I", Econometrica, Vol. 13, 1945.
- "The Multiplier", AER, Vol. 38, 1948, Papers and Proceedings.

Solow, Robert, "A Note on Dynamic Multipliers", Econometrica, Vol. 19, 1951.

Somers, Harold M., Public Finance and National Income, Philadelphia-Toronto 1949.

Stackelberg, H. von, Grundlagen der theoretischen Volkswirtschaftslehre, 2. Auflage, Bern-Tübingen 1951.

Staehle, Hans, "The Reactions of Consumers to Changes in Prices and Income. A Quantitative Study in Immigrants' Behavior", Econometrica, Vol. 2, 1934.
- "Short-Period Variations in the Distribution of Income", Rev. of Ec. Stat., Vol. 19, 1937.

— „New Considerations of the Distribution of Income and the Propensity to Consume", Rev. of Ec. Stat., Vol. 20, 1938.
— „Mr. Keynes on the Distribution of Incomes and the ‚Propensity to Consume': A Rejoinder", Rev. of Ec. Stat., Vol. 21, 1939.
Stigler, George J., „The Limitations of Statistical Demand Curves", Jl. Am. Stat. Ass., Vol. 34, 1939.
— „The Development of Utility Theory", Jl. Pol. Ec., Vol. 58, 1950.
— „The Early History of Empirical Studies of Consumer Behavior", Jl. Pol. Ec., Vol. 62, 1954.
Stone, Richard, The Measurement of Consumers' Expenditure and Behaviour in the United Kingdom 1920—1938, Vol. I, Cambridge 1954.
Surányi-Unger, Theo, „Individual and Collective Wants", Jl. Pol. Ec., Vol. 56, 1948.
Tarshis, Lorie, „An Exposition of Keynesian Economics", AER, Vol. 38, 1948, Papers and Proceedings.
Tebbutt, Arthur R., The Behavior of Consumption in Business Depression, Boston 1933.
Theil, Henri, „Qualities, Prices, and Budget Enquiries", Rev. of Ec. Stud., Vol. 20, 1952/53.
— „A Statistical Approach to the Problem of Aggregation" (Abstract), Econometrica, Vol. 21, 1953.
— Linear Aggregation of Economic Relations, Amsterdam 1954.
Thrall, R. M., C. H. *Coombs* and R. L. *Davis* (Editors), Decision Processes, New York-London 1954.
Timlin, Mabel F., Keynesian Economics, Toronto 1948.
Tinbergen, Jan, „Does Consumption Lag Behind Incomes?", Rev. of Ec. Stat., Vol. 24, 1942.
— „The Significance of Keynes' Theories from the Econometric Point of View", in The New Economics, Seymour E. Harris, Editor, a.a.O.
— Econometrics, New York-Philadelphia-Toronto 1951.
— „Some Neglected Points in Demand Research", Metroeconomica, Vol. 3, 1951.
Tintner, Gerhard, „The Maximization of Utility Over Time", Econometrica, Vol. 6, 1938.
— „The Theoretical Derivation of Dynamic Demand Curves", Econometrica, Vol. 6, 1938.
— „A Contribution to the Non-Static Theory of Choice", QJE, Vol. 56, 1942.
— „Ein Beitrag zur nicht-statischen Werttheorie", ZfN, Bd. 14, 1953/54.
Tippetts, Charles S., „Postponable Purchasing of Durable Consumers' Goods and the Business Cycle", Jl. Am. Stat. Ass., Vol. 34, 1939.
Tobin, James, „Money Wage Rates and Employment", in The New Economics, Seymour E. Harris, Editor, a.a.O.
— „Relative Income, Absolute Income, and Saving", in Money, Trade, and Economic Growth, a.a.O.
Tosdal, Harry T., „The Study of Consumer Demand in Relation to Capitalistic Society", in Business and Modern Society, Malcolm P. McNair and Howard T. Lewis, Editors, Cambridge, Mass. 1938.
Tugwell, Rexford Guy (Editor), The Trend of Economics, New York 1924.
Turvey, Ralph, „The Multiplier", Economica N. S., Vol. 15, 1948.
— „J. S. Duesenberry, Income, Saving, and the Theory of Consumer Behavior", Economica N. S., Vol. 17, 1950.
Ulmer, Melville J., „The Consumption Function and the Theory of Aggregation" (Abstract), Econometrica, Vol. 18, 1950.

Literaturverzeichnis

Valavanis, Stefan, „A Denial of Patinkin's Contradiction", Kyklos, Vol. 8, 1955.
Wald, Abraham, Statistical Decision Functions, New York-London 1950.
Wallis, W. Allen and Milton *Friedman*, „The Empirical Derivation of Indifference Functions", in Studies in Mathematical Economics and Econometrics, Chicago 1942.
Weber, Max, Wirtschaft und Gesellschaft, Grundriß der Sozialökonomik, III. Abt., 1. Halbband, 3. Auflage, Tübingen 1947.
Williams, Faith M. and Carle C. *Zimmerman*, Studies of Family Living in the United States and Other Countries. An Analysis of Material and Method, Washington 1935 (U. S. Dept. of Agriculture Misc. Publ. No. 223).
Williams, John H., „An Appraisal of Keynesian Economics", AER, Vol. 38, 1948, Papers and Proceedings.
Williams Jr., Randall S., „Fiscal Policy and the Propensity to Consume", Ec. Jl., Vol. 55, 1945.
Wirminghaus, Alex, „Die Lehre von der Konsumtion und ihrem Verhältnis zur Produktion", in Die Entwicklung der deutschen Volkswirtschaftslehre im 19. Jahrhundert (Festschrift für Gustav Schmoller), Leipzig 1908.
Wold, Herman, Demand Analysis. A Study in Econometrics (in Association with Lars Juréen), Uppsala 1952.
— „L'agrégation en économétrie: Discussion" (Abstract), Econometrica, Vol. 22, 1954.
de *Wolff*, Paul, „Income Elasticity of Demand, a Micro-Economic and a Macro-Economic Interpretation", Ec. Jl., Vol. 51, 1941.
Woytinsky, W. S., „Consumption-Saving Function: Its Algebra and Philosophy", Rev. of Ec. and Stat., Vol. 30, 1948.
— „What Was Wrong in Forecasts of Postwar Depression?", Jl. Pol. Ec., Vol. 55, 1947.
Zimmerman, Carle C., Consumption and Standards of Living, New York 1936.
Zwiedineck-Südenhorst, Otto von, „Die Arbeitslosigkeit und das Gesetz der zeitlichen Einkommensfolge", Weltwirtschaftliches Archiv 1931. (Wieder abgedruckt in Mensch und Wirtschaft, 1. Band, Berlin 1955.)

Printed by Libri Plureos GmbH
in Hamburg, Germany